まえがき

本書は、日本聖公会京都教区ウイリアムス神学館で二〇一九年度に実施された「今さら聞けない?! キリスト教講座　新約編」を編集したものである。講座は、初回に受講者から新約聖書に関する「今さら聞けない」質問を出していただき、それに対して関連する事柄にも触れつつ回答する形式で進められた。本書においては質問を多少編集し、またテーマを揃えるために再構成したことをお断りしておく。改めて、質問を出していただいた受講者の方々に感謝を申し上げたい。

内容は目次をご覧いただくとして、結果的には新約聖書全般に関する基礎的事項を説明することとなった。「聖書」の存在理由から、イエスやパウロについて、また新約外典にも触れている。本書の特色としては、古代の本の形態について、また本文批評についてやや詳しく触れていることが挙げられる。これらは著者の関心対象でもあるためである。あくまで導入的な内容にとどまっているので、興味のある方は参考文献にも当たっていただきたい。

本書は最初から最後まで読み通すことを前提として書かれてはいない。興味の惹かれた項目からお読みいただきたい。説明の都合上、本書内で類似の内容が繰り返されていることがある。たとえば終末の遅れの問題はあちこちで顔を出すが、それは新約聖書の時代において重要な点であるゆえであるとお考えいただければ幸いである。

なお、本書に記された見解は著者個人のものであり、日本聖公会の公式見解等とは必ずしも一致しないことを予め述べておく。

前川　裕

ウイリアムス神学館叢書

VI

今さら聞けない!?
キリスト教

古典としての新約聖書編

Yutaka Maekawa

前川　裕

教文館

本書は「永田保治郎師記念基金」により出版された。

■目　次■

図版一覧

新約聖書　目次一覧

（上段カッコ内は略記、下段は新共同訳／聖書協会共同訳）

マタイ福音書（マタ）	マタイによる福音書
マルコ福音書（マコ）	マルコによる福音書
ルカ福音書（ルカ）	ルカによる福音書
ヨハネ福音書（ヨハ）	ヨハネによる福音書
使徒言行録（使）	使徒言行録
ローマ書（ロマ）	ローマの信徒への手紙
第一コリント書（Ⅰコリ）	コリントの信徒への手紙一
第二コリント書（Ⅱコリ）	コリントの信徒への手紙二
ガラテヤ書（ガラ）	ガラテヤの信徒への手紙
エフェソ書（エフェ）	エフェソの信徒への手紙
フィリピ書（フィリ）	フィリピの信徒への手紙
コロサイ書（コロ）	コロサイの信徒への手紙
第一テサロニケ書（Ⅰテサ）	テサロニケの信徒への手紙一
第二テサロニケ書（Ⅱテサ）	テサロニケの信徒への手紙二
第一テモテ書（Ⅰテモ）	テモテへの手紙一
第二テモテ書（Ⅱテモ）	テモテへの手紙二

＊引用は特にことわらない限り、『聖書　新共同訳』（日本聖書協会、一九八七年）を使用する。

第1章　新約聖書とは何か

新約聖書はいつ、誰によって書かれたのか

新約聖書には二七の文書が含まれており、それぞれの執筆年代を捉えておくことが大事である。しかし、各文書の具体的な執筆年代は示されておらず、推定するしかない。推定は文書の記述に見られる歴史的状況や神学的内容から行われる。現在ほぼ合意されている執筆年代は図1のようなものである。

新約聖書の中で最初に書かれたものは「パウロ書簡」である。第Ⅰテサロニケ書は紀元五〇年頃の執筆と考えられている。イエスの十字架死が三〇年頃と推定されているから、新約聖書の最初の文書が書かれたのは十字架の出来事から二〇年ほど経っていることになる。二〇年は、決して短い時間ではない。もしかしたらもっと初期から文書が作られていたのかもしれないが、現存しないために私たちにはそれを知ることはできない。ともあれ、最初期のキリスト教伝承は口頭によって行われていたに違いない。これは、イエスを直接知っている人々がまだ存命であったから可能であった。

なお、この頃の宣教活動においては「キリストの死と復活の意味」が中心的なテーマであり、それによって救いがもたらされたことが「福音」であった。

その後、七〇年頃になると、イエスに会ったことがある人々も、またその直弟子たちも死去していく。そのため、口頭ないし短い文書によって断片的に伝えられていたものを踏まえて、イエスについての記録を残していこうとする動きが始まったのであろう。しかし、それらはまだ一冊の書物としてまとめられてはいなかった。これは口頭伝承の力強さゆえであろう。

最初にイエスの物語をひとつにまとめたのは、マルコ福音書の著者であったと考えられている。ただし、マルコ福音書の筋書きは、そのすべてをマルコ福音書の著者が考え出したものではないだろう。特に「受難物語」の部分は、「キリストの死と復活の意味」を考える上での物語として、早くからある程度まとまった形になっていたと想定される。マルコ福音書の著者の功績は、受難物語に至るまでのイエスの公生涯を物語としてまとめた点にある。マタイ・ルカ・ヨハネといった他の福音書記者たちは、マルコ福音書をベースにして各々の意図に沿った物語を構成していったのであり、マルコ福音書は後代に非常に大きな影響を与えたのである。

第二パウロ書簡や公同書簡と呼ばれる書簡群には、より後代のキリスト教の様子が描かれている。一世紀末から二世紀半ばにかけて書かれたこれらの文書は、イエスが生きていた頃からは一〇〇年ほど経った後の時代のものである。キリスト教をめぐる

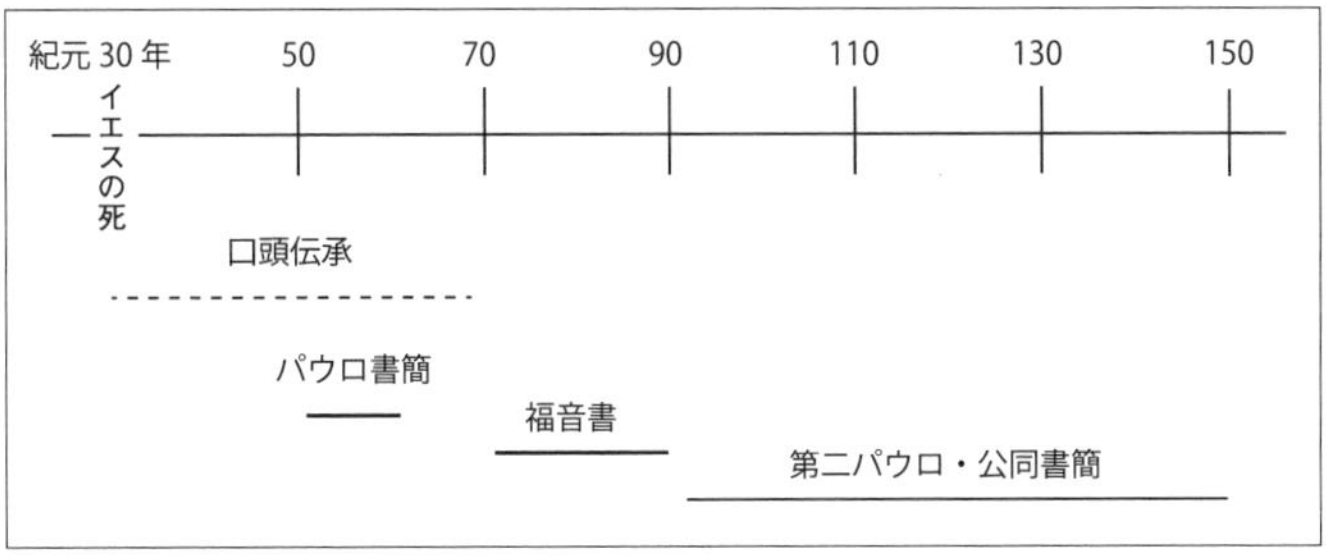

図1　各文書の成立年代

福音書……イエスの言行記録。署名は伝統的な著者名。

マルコ福音書（70年頃）、マタイ福音書（80年頃）

ルカ福音書（80年頃）、ヨハネ福音書（90年頃）

使徒言行録（90–100年頃）……著者はルカ福音書と同じ。使徒たちとパウロの活動記録。

パウロ書簡（50–60年頃）……著者はパウロ。第二パウロ書簡と区別して「真正パウロ書簡」とも呼ばれる。各教会や個人に宛てて書いた手紙。

ローマ書、Ⅰコリント書、Ⅱコリント書、ガラテヤ書、

フィリピ書、Ⅰテサロニケ書、フィレモン書

第二パウロ書簡（90–130年頃）……内容から見てパウロ自身の著作とは時代が異なるが、パウロの流れを汲む文書。

Ⅱテサロニケ書、コロサイ書、エフェソ書、

牧会書簡（Ⅰテモテ書、Ⅱテモテ書、テトス書）

公同書簡（90–150年頃）……書名は著者とされる使徒の名。特定の個人や教会宛てではない手紙群。

ヤコブ書、Ⅰペトロ書、Ⅱペトロ書、Ⅰヨハネ書、

Ⅱヨハネ書、Ⅲヨハネ書、ユダ書

ヘブライ書（70–90年頃）……著者不明。パウロ書簡に分類されることもあったが、現在は独立した文書として扱われる。

ヨハネの黙示録（90–100年頃）……著者はヨハネ（福音書と書簡の著者とは別人）。神から受けた啓示を記したとされる。

状況は次々に変化しており、教会も時代への対応が求められていた。イエスが活動した時代から隔たった時に生きる教会にはどのような課題があり、それらに一―二世紀の教会はどのように対応したのか。私たちはこれらの文書から、先人たちの苦闘を読み取ることができる。それは二一世紀を生きる教会にもヒントを与えてくれるのではなかろうか。

新約聖書はどのようにして現代まで伝えられてきたのか

新約聖書は文書の形で伝えられてきた。パウロは口述筆記*を用いたようだが、それでも最終的には文書となったことには間違いない。ところが新約聖書の二七文書に関して、どの文書についても著者の手になる自筆原稿はひとつも残っていない。つまり私たちは「写し」しか持っていないことになる。「写し」が自筆原稿と同じであるという保証はどこにもない。自筆原稿がなければ、それを確認できないからである。

自筆の文書が残っていない理由は多様である。たとえば、現代ほど「自筆」に重きを置いていなかった、という文化的背景がある。原本が珍重されるのは当然ではないのである。たとえば使っている写本が古くなり、新たに写しが作られた場合、新しいもののほうが綺麗だから原本を残す必要はない、という考えも存在したらしい。また最初期のキリスト教会はそれほど裕福ではなかったと考えられるので、廉価な紙であるパピルス紙を使っていたと推定される。*牛や羊の皮で作られる皮紙《ひし》は保存性が高

口述筆記
古代においては、著者が自分ですべてを書くよりも、口述して専門家である書記に書かせることが多かったとされる。Iコリ一六・二一参照。

本書第8章参照。

いものの、動物そのものを使うわけであるから大変高価であった。パピルス紙は植物（パピルス草）から作られるものであり、当時の東地中海では一般的に用いられていた。ところがパピルス紙は保存性に劣り、通常の環境では早々に痛み、朽ちてしまう。このために、原本が意図せず失われてしまったこともあるだろう*（図2）。

新約聖書の写本には、大きく分けてパピルス紙と皮紙がある。最初期は前述のようにパピルス紙であったが、三世紀頃から皮紙も用いられ始めた。その後、特にキリスト教がローマ帝国の国教となって以降は皮紙が多く利用されるようになり、パピルス紙は用いられなくなっていく。

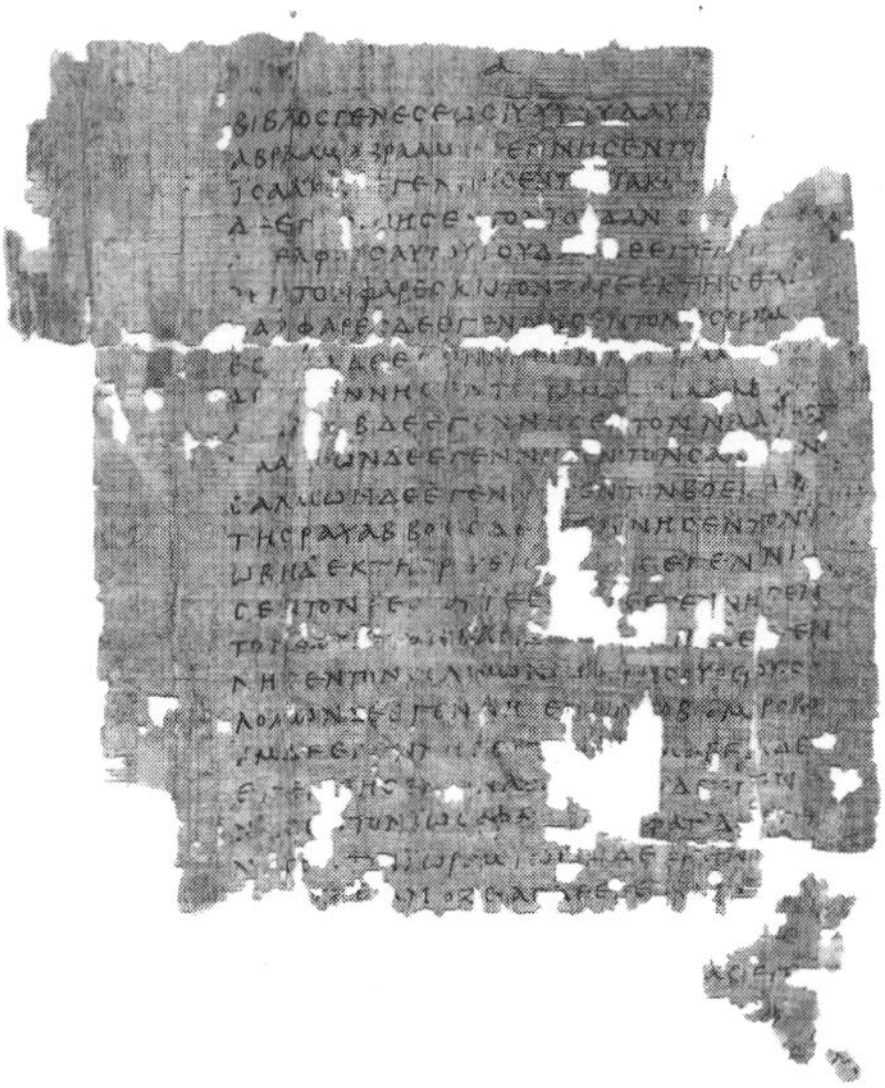

図2　パピルス写本「パピルス1番」

皮紙の写本は、さらに二種類に分類される。アンシャル体（uncial）と呼ばれる大文字書体で書かれた大文字写本（図3）とミニュスキュル体（minuscule）と呼ばれる小文字書体で書かれた小文字写本（図4）である。大文字写本は文字がはっきりしていて読みやすいが、当然筆写には時間がかかる。そのため、特に中世に

パピルス写本
現存するパピルス写本の多くは、図2のように周囲がぼろぼろになっている（本書カバー参照）。しかも元来の一冊のうちで一枚分しか残っていないことが多い。

図３　大文字写本

なって各地に教会や修道院が建てられ、そこに置くための聖書の需要が高まってきた際に、より速く書ける小文字を使った写本の作成が始まった（九世紀以降）。これによって写本製作数は飛躍的に増加した。また皮紙小文字写本のバリエーションとして、「聖務日課集」*と呼ばれるものがある。聖書全体ではなく、教会や修道院の日々の礼拝で用いられる聖書箇所のみをまとめたものである。これも新約聖書写本に数えられ、現存する新約聖書写本の約半分を占めている。

現存する新約聖書写本のほとんどは小文字写本であり、しかも一〇世紀以降のものである。パピルス写本や大文字写本は、数は少ないものの、より古い時代の本文を伝えている可能性が高いため、最重要視される写本群である。

聖務日課集
レクショナリー（Lectionary）
日本聖公会が発行している『日本聖公会 特祷・聖餐式聖書日課』も同種のものである。

新約聖書はいつまとめられたのか

新約聖書が現在の二七文書構成となったのは四世紀後半であった。アレクサンドリア司教アタナシオスの第三九復活祭書簡（三六七年）に見られるリストが最初のものとされている。逆に言えば、それ以前には新約聖書の構成は確定していなかったので

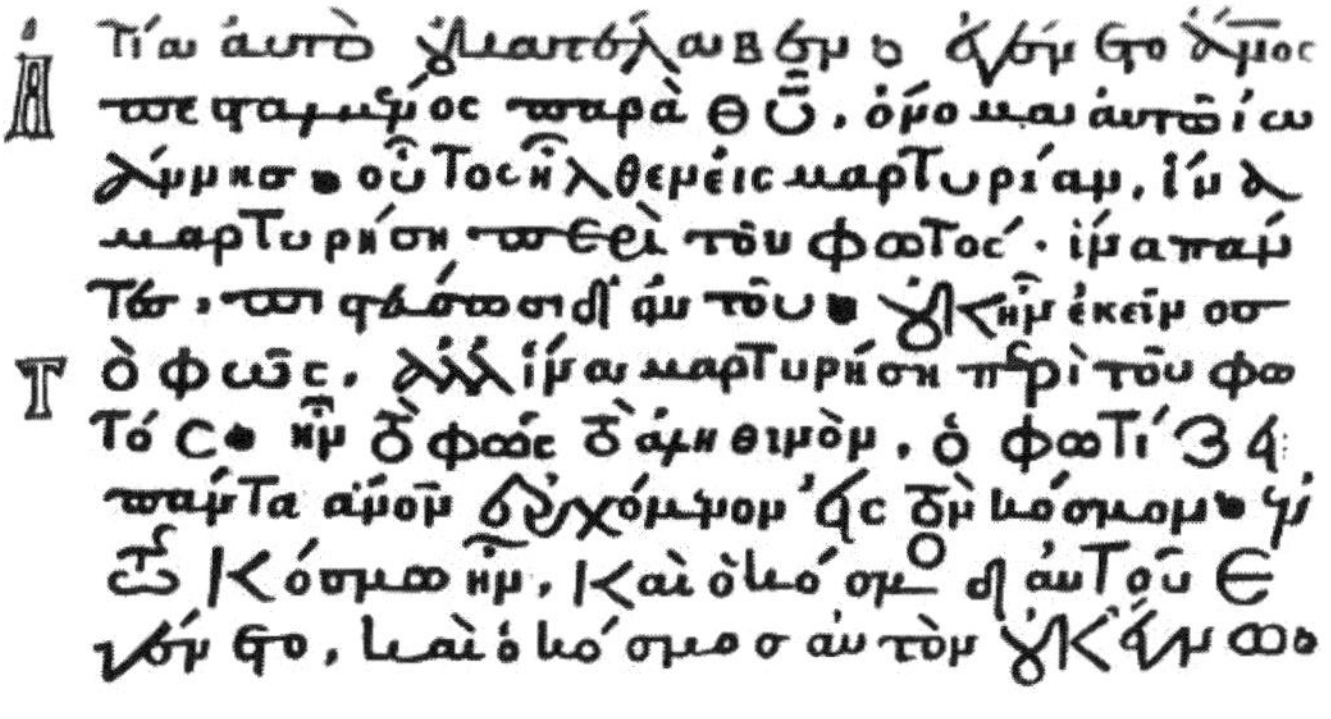

図4　小文字写本

ある。また、その後も新約聖書に含まれる文書は地域によって流動的であった。

　四福音書およびパウロ書簡は、当初から広く受け入れられていた。しばしば問題とされていたのは、ヘブライ書・ヤコブ書・第二ペトロ書・第二ヨハネ書・第三ヨハネ書である。これら文書を新約聖書に含めてよいかどうか、議論があちこちで行われていた。たとえば二世紀に遡るとされる新約聖書の文書リスト「ムラトリ断片*」にはこのうち四書が含まれていない。また、四世紀の大文字写本であるシナイ写本のように、「バルナバの手紙」「ヘルマスの牧者*」など、現在の新約聖書には含まれていないキリスト教文書を収録している写本もある。新約聖書と同時代の文書のうち重要なものは、のちに「使徒教父文書」と呼ばれるようになった。そのほかの文書は「新約外典*」と呼ばれている。

　最終的に西方教会では、ヒッポの教会会議

ムラトリ断片
田川建三『書物としての新約聖書』勁草書房、一九九七年、一五四―七〇、一八九―九五頁参照。

「バルナバの手紙」「ヘルマスの牧者」
いずれも使徒教父文書。本書122頁註参照。

新約外典
本書198頁参照。

（三九三年）で二七書を確定し、カルタゴの教会会議（三九七年）で正典目録を発布することで、新約聖書「正典」が確定した。イエスが活動していた頃から考えれば、実に四〇〇年を経て現在の形の新約聖書が完成したことになる。新約聖書がキリスト教の教理*的基礎となる文献であることを考えれば、この時間の長さは無視できない。新約聖書の構成と教理形成とは相互に影響した可能性も十分にあるだろう。つまり、新約聖書に含まれた文書がキリスト教の教理の形成に影響を与え、キリスト教の教理が新約聖書に含めるべき文書を定めていったとも考えられるのである。

教理
その宗教の基礎となる理論に基づく教え。「教義」とも言う。

新約聖書が書かれたギリシア語はどのようなものか

新約聖書の全体はギリシア語で書かれており、現存しない自筆本*もギリシア語であったと考えられている。それゆえ、写本としてはギリシア語のものが最も重要となる。

自筆本
各文書の著者が実際に書いた本文。

近代以前は、聖書のギリシア語は特別なものと思われていた。それは新約聖書のギリシア語が、プラトンなどが用いている古典ギリシア語とは異なっていたからである。それゆえ、聖書のギリシア語は特別なもの、「神の言語」である、という議論が真面目に行われていた。ところが、近代以降に中東を中心としてヘレニズム期ギリシア語文書が多数発見されると、新約聖書のギリシア語はそれらと同じ言語であることがわかってきた。特別なものと思われていたのは、単に資料が不足していたからであった。「コイネー」と呼ばれるこれらのギリシア語は、プラトンらが用いていたギリシア語より文法項目が減っている。ヘレニズム文化圏で広く使われるに従って、複雑な文法が簡易化されていったと考えられる。

新約聖書をギリシア語から日本語に訳す際には、どうしても抜け落ちる要素がある。日本語として成立させるためにはひとつの単語に対してひとつの意味を対応させねばならないが、ギリシア語の単語にはしばしば複数の意味があり、広がりがある。また日本語の訳語とは異なるニュアンスを持つ場合もある。新約聖書の理解を深めるためにも、新約聖書ギリシア語の学びにチャレンジしてはいかがだろうか。

聖書の記述はなぜ統一されていないのか

聖書には、明らかに同じ場面や内容が複数の文書に存在している。それは四つの福音書を比べるとよくわかる。しかしそれら相似した記述は、細かい部分においてしばしば異なっている。このことはキリスト教の最初期から気づかれていた。たとえば、四つの福音書の記述をひとつの物語に再編した「ディアテッサロン*」という文書が存在していた。つまり、四つあるものをひとつにしても問題ないと考えた人がいたのである。またギリシア教父のひとりエウセビオス（二六三―三三九年）は、福音書に見られる共通記事を相互に参照できるような対照表を作成した（「エウセビオスのカノン*」）。これらは三九三年に新約聖書正典が二七書に確定する以前の出来事である。

ディアテッサロン
「調和福音書」。一五〇―一六〇年頃の成立。現存しない。シリアではその後、再び四つの福音書を使用するようになった（ペシッタ訳）。

エウセビオスのカノン
戸田聡「『エウセビオスのカノン』に見る福音書理解」『古代キリスト教研究論集』北海道大学出版会、二〇一一年、九一―一一二頁参照。

現代における聖書学の定説では、マルコ福音書が最初に作成されたと考えられている。その後、マルコ福音書を参照しつつ、マタイ福音書とルカ福音書の著者がそれぞれの福音書を執筆した。その際、マタイとルカが独自に持っていた資料に加えて、マタイとルカ両方の手元にあった、マルコ福音書とは別の文書があったらしい。なぜなら、マルコ福音書に記述がないにもかかわらず、マタイとルカ両福音書において非常によく似ている記述がいくつも存在するからである（たとえば「主の祈り」）。それらの記述をまとめたものは「Q資料*」と呼ばれている。Q資料そのものは文書として現存しておらず、あくまで推定上の存在である。Q資料の特色は、イエスの発言が集められた「語録資料」という点にある。つまり『論語』の「子曰く……」のようなスタイルの文書であった可能性が高い。ともあれ、マタイ福音書とルカ福音書がマルコ福音書とQ資料の二つを参考資料にしていたということから、この説を「二資料説」（あるいは「二文書資料説」）と呼んでいる（図5）。またこの三つの福音書を「共観福音書」（Synoptic Gospels）と呼んでいる。「共通の観点から書かれた福音書」といった意味である。

ところで、二資料説にはヨハネ福音書が登場しないことにお気付きであろうか。ヨハネ福音書はニコデモの物語（三章）やラザロの復活（一一章）など、共観福音書に含まれない独自の記事を多数含んでいる。ヨハネ福音書の著者は物語の大筋はマルコ福音書に準じている点などから、マルコ福音書を知っていた可能性が高いと考えられ

Q資料
Qはドイツ語Quelleの頭文字に由来する。一般に「キュー資料」と読むが、ドイツ語の読み方で「クー資料」と呼ぶ人もいる。

ているが、依存関係は必ずしも明らかではない。*

聖書をどう解釈するか

聖書の権威を疑うことがなかった、あるいは疑うことが許されなかった中世が終わり、ルネサンスを経て合理的思考が社会に広がると、聖書の記述そのものの史的正しさを検証しようとする動きも盛んになった。また近代における考古学的発見の増加によって聖書の記述が検証され、史実と判明したものもあれば、そうでないとわかったものも数多くあった。

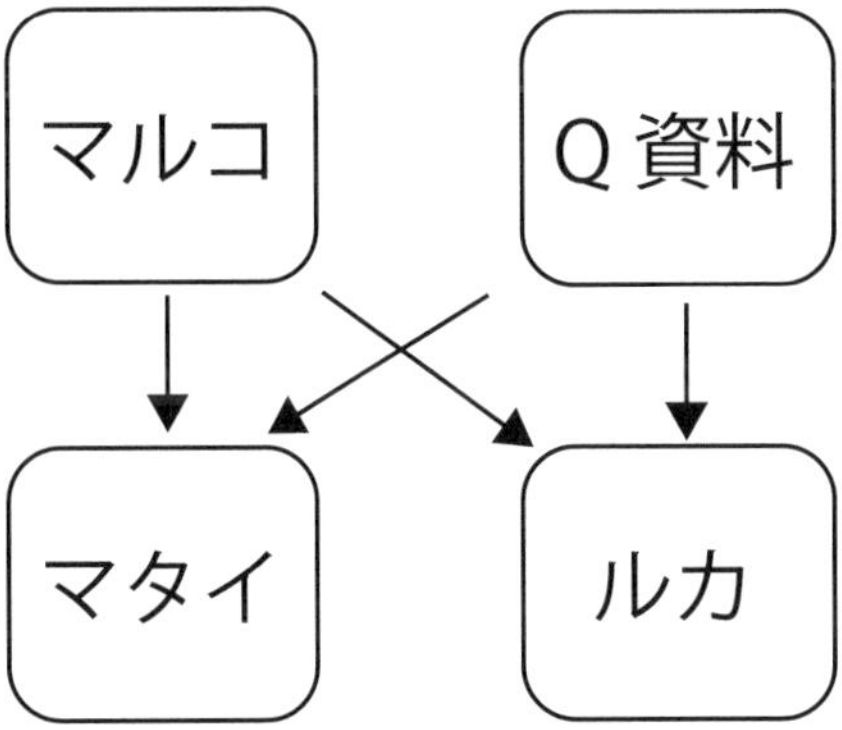

図5　二資料説

新約聖書の場合、史的な正しさの検証は「イエスの史実性」に集中する傾向がある。つまり、イエスの言葉や行いの中でどれが史実であるか、という点である。近代の新約聖書学者の多くもキリスト教徒であったから、イエスが実際に何を言ったのか、何を行ったかを知りたかったのである。これは「史的イエスの探求」(Quest for the Historical Jesus) と呼ばれ、多くの学者が携わった。* それらの研究成果をまとめたのが、アルベルト・シュヴァ

共観福音書間の関係については、橋本滋男「第二章 共観福音書」荒井献他編『総説新約聖書』日本基督教団出版局、一九八一年、七四—八九頁参照。

「史的イエスの探究」詳しくは本書第2章参照。

イツァーの著書*『イエス伝研究史』（一九〇六年）である。結果的には、史的なイエスの姿を明らかにするのは現存の資料からは難しいということが確認された。

しかし、新約聖書学者たちはイエスの歴史的な姿を明らかにすることを諦めなかった。二〇世紀を代表する新約聖書学者のひとりであるルドルフ・ブルトマン*が史的イエスの再建は不可能と主張したのに対し（この見解そのものは、やや極端ではある）、E・ケーゼマン、H・コンツェルマン、J・M・ロビンソンら、ブルトマンの弟子たちはこれに強く反論した。正当な学問的手続きを踏まえれば、多少なりとも史的イエスの言行を再構成することは可能だというのである。史的イエスの姿を知りたいという欲求は、新約聖書学者の意識に常に存在するといっても過言ではなかろう。イエスはそれだけ魅力ある存在なのである。

そもそも、聖書は「解釈されてきた書物」である。なぜなら、大貫隆の表現を借りれば、聖書は「隙間だらけ*」だからである。聖書のような古代の文書は、現代の文書ほど厳密に書かれていないことが多い。それゆえ、各時代・各場所において聖書の内容を理解し、また適用するためには、解釈が欠かせないのである。

古くから聖書研究において「聖書は聖書が解釈する」という観点で、聖書内部での相互参照の研究が数多くなされてきた。聖書協会共同訳（二〇一八年）、新改訳（二〇一七年）の一部の版につけられている聖書参照箇所も、その流れに属するものである。啓蒙主義時代以降、理性が重んじられるようになると、聖書も神学的な理解に限

A・シュヴァイツァー
一八七五—一九六五年。神学者、医師、オルガニスト。『イエス伝研究史』遠藤彰・森田雄三郎訳、白水社、一九六〇年。

R・ブルトマン
一八八四—一九七六年。新約聖書を非神話化して解釈した。『ブルトマン著作集』新教出版社、一九六三—一九九四年。

大貫隆『隙間だらけの聖書』教文館、一九九三年。

定せず、歴史的な観点から読む動きが一般的となった。漠然と「古代の歴史をそのまま書いている」と信じられていた聖書の記述が学術的批判にさらされることになったのである。歴史的事実と見なしてもよいとされる部分も多数あるが、史実ではないと判断される部分もいくつも挙げられた。聖書は歴史を忠実に記している文書とは言えないことがわかったのである。

また二〇世紀の半ばになると、新しい研究方法が現われた。それは聖書を歴史資料ではなく、文学作品として読むものである。一般的な小説を読み解くための理論を聖書に適用し、聖書の物語が持つ機能などが、背景にあるはずの歴史から切り離した上で議論されるようになった。これは歴史研究のために切り刻まれてきた聖書を改めて全体的に見直す動きと言えるであろう。

以上のような研究的な読み方の他に、教会における信仰に基づいた解釈は連綿と続いてきており、今日もまた説教などでそれはなされている。各種研究の成果も踏まえつつ、それぞれの宣教の場における解釈を説教の中で行っているのである。

これらのさまざまな読み方に優劣はない。つまり、どれかを「正解」の読み方と定めることはできない。聖書は多様な読み方が可能で、またそれを許す文書である。その意味で、聖書は汲めども尽きぬ豊かさがある文書なのである。

第2章　イエス

イエスは実在したのか――「史的イエス」の探求

イエスの存在は当たり前の事実のように考えられているが、本当にイエスは実在したのだろうか。近代初期まで、聖書に書いてあることはすべて史実であると見なされていた。その際に用いられた聖書は（ギリシア語やヘブライ語聖書ではなく）ラテン語訳のウルガータ聖書*であった。かのグーテンベルク聖書（一四五五年頃）に印刷されている本文もウルガータ聖書である。その後、ギリシア語新約聖書の印刷も散発的に行われるようになり、まとまったものとして現われたのがエラスムスの印刷版*である（一五一六年）。エラスムスは自分が入手できた複数のギリシア語写本を比較し、より優れている（つまり自筆本に近い）と考えた本文を印刷した。ここにはギリシア語本文と、エラスムス自身がギリシア語本文に基づいて翻訳したラテン語訳とが並べられていた。

問題は、このエラスムスによるラテン語訳がウルガータ聖書と異なっていたことに

ウルガータ聖書（Vulgata）トリエント公会議（一五四五年開始）で公認されたカトリック教会の共通訳。

本書213頁参照。

ある。これはカトリック教会側から批判され、教会により捏造された証拠によってエラスムスはウルガータ聖書的な本文への修正を余儀なくされた。その後も写本資料が追加されたギリシア語新約聖書が続々と出版されたが、その本文はウルガータ聖書の影響を受けたものであった。一九世紀後半まで広く用いられたこの本文は「公認本文*」と呼ばれている。

ギリシア語新約聖書がウルガータ聖書の影響から脱したのは約三〇〇年後、一八三一年のことであった。古典学者のラッハマン*は古典文学と同じ方法で聖書写本を比較検討し、ギリシア語新約聖書の自筆本に記されていたと推定される本文を再構成したものを出版した。この後は、ウルガータ聖書とは関係なく、ギリシア語写本のみに基づいたギリシア語新約聖書が出版されていくことになる。

新約聖書本文が教会の束縛を逃れることが可能になったのは、近代以降の学問の発展により客観的な視点が得られるようになったからである。そうすると、新約聖書学者たちはイエスについても改めて考え直すことになった。それまでのイエス像は、教会によって伝えられてきた、とりわけウルガータ聖書の影響を受けて「作られた」ものであった。新約聖書のよりオリジナルに近い本文が再構成できれば、そこに教会の影響を受けていない「真のイエスの姿」が見つかるのではないか。新約聖書学者たちがギリシア語新約聖書のオリジナル本文を探求しようとした熱意は、単に「聖書の著者の意図」を探るのみならず、そこにイエスの姿が隠れていると信じていたからでも

公認本文
本書194、215頁参照。

ラッハマン
本書219頁参照。

あろう。教会の脚色を経ていない、歴史的な存在としてのイエスの姿を、「史的イエス」と呼ぶ。近代聖書学は、「本当のイエスの姿を探したい」という意欲に支えられていたと言ってもよいだろう。逆に言えば、それだけ当時の教会に対する疑念や失望があったのかもしれない。

聖書以外にイエスに関する資料はあるか

では、そもそもイエスに関する資料にはどのようなものがあるのだろうか。大きく、新約聖書とそれ以外の文書とに分けられる。新約聖書では、もちろん福音書が基礎資料となる。福音書以外にもイエスの言葉が断片的に記されている文書は存在するが、イエスについて理解するためにはあまりに不十分である。しかし福音書についても、書かれた年代が七〇年代以降と推定されており、イエスが生きた時代からは四〇年近く隔たっている。最初期のキリスト教が宣教的・神学的に急速に発展したことを考えると、この期間にイエスについても多数の伝説が生まれていたと想定される。福音書はそれらの伝説も取り込んでいるのである。この点で、福音書はイエスについて一定の史実を伝えているものの、そのすべての記述を史実と見なすことは難しい。

では聖書外の資料にはどのようなものがあるだろうか。いくつか紹介しよう。

二世紀のローマの歴史家タキトゥス*は『年代記』という歴史書を記した（一一七年）。そこには以下の記述がある。

タキトゥス

Tacitus（五六―一二〇年）。『年代記』國原吉之助訳、岩波文庫、一九八一年。

そこでネロは、この風評〔ネロ自身がローマに放火を命じたこと〕をもみ消そうとして、身代わりの被告をこしらえ、これに大変手の込んだ罰を加える。それは、日頃から忌まわしい行為で世人から恨み憎まれ、「クリストゥス信奉者」と呼ばれていた者たちである。この一派の呼び名の起因となったクリストゥス〔＝キリスト〕なる者は、ティベリウスの治世下に、元首属吏ポンティウス・ピラトゥスによって処刑されていた。

（『年代記』一五・四四）

同じく二世紀のローマの歴史家スエトニウス*は著書『ローマ皇帝伝』（一一九年頃）に以下のような記述を残している。

ユダヤ人たちはクリスタス〔＝キリスト〕に唆《そそのか》されて絶えず騒動を起こすので、彼〔＝クラウディウス帝〕はキリスト者たちをローマから追放した。

新種のふざけた迷信を信じるキリスト者の上にネロの刑罰が加えられ、彼らを苦しませた。

（「クラウディウス」二五・四）

ローマの歴史家がイエスについて残した記録はこれだけである。これらはキリスト教徒の状況についての情報を与えてくれるものの、歴史的なイエスの姿についてはほとんど述べていない。また、先の引用文では「イエス」ではなく「キリスト」と言及

スエトニウス
Suetonius（六九頃―一二二年頃）。『ローマ皇帝伝』國原吉之助訳、岩波文庫、一九八六年。

されていることに注意しておきたい。少なくとも現存する史料においては、「イエス」という個人名が伝えられていたのではなく、「キリスト」という宗教的位置付けからの用語が既に一般化していたと推測される（これらの著者が「イエス」という固有名詞を知っていたかどうかも怪しい）。

これらのローマの歴史家たちはキリスト教徒ではないため、比較的客観的な情報が得られそうではあるが、この程度の記録しか確認できない。端的に言えば、ローマではその程度の関心しか（まだ）なかったのである。キリスト教徒が増加しローマ国家と軋轢をしばしば起こしたり、殉教者が続出したりするのは二―三世紀のことであり、一世紀頃にはまだ「東方からやってきた奇妙な宗教」という程度の認識であったと思われる。それゆえ、イエスへの関心も低く、取り立てて記述を残すこともなかったのであろう。

一世紀のユダヤ人歴史家にヨセフス*がいる。彼は最初期の教会の時代にパレスチナに生きていたわけであるから、その著作からはイエスについても情報が得られそうである。著作『ユダヤ古代誌』*を見てみよう（なお傍線部は後代のキリスト教徒による付加と考えられている）。

さてこのころ、イエスス（＝イエス）という賢人――実際に、彼を人と呼ぶことが許されるならば――が現われた。彼は奇跡を行う者であり、また、喜んで真

ヨセフス
Flavius Josephus（三七―一〇〇年頃）。
『ユダヤ古代誌』秦剛平訳、ちくま学芸文庫、二〇〇〇年。

理を受け入れる人たちの教師でもあった。そして、多くのユダヤ人と少なからざるギリシア人とを帰依させた。彼こそはクリストス〔キリスト〕だったのである。　　　（一八・四・六三）

ピラトスは、彼がわれわれの指導者たちによって告発されると、十字架刑の判決を下したが、最初に彼を愛するようになった者たちは、彼を見捨てようとはしなかった。すると彼は三日目に復活して、彼らの中にその姿を見せた。すでに神の預言者たちは、これらのことや、さらに、彼に関するその他無数の驚嘆すべき事柄を語っていたが、それが実現したのである。　　　（一八・四・六四）

なお、彼の名にちなんでクリスティアノイ〔キリスト教徒〕と呼ばれる族《やから》は、その後現在にいたるまで、連綿として残っている。　　　（一八・四・六四）

＊この引用部分は後代のキリスト教徒による付加と見なされる。

前述したローマの歴史家たちよりは詳しい記述で、しかも「奇跡行者」「教師」のように福音書の情報と合致する部分もあるものの、具体的情報はあまりに乏しい。ここから「史的なイエスの姿」を再建することは不可能であろう。

その他、ユダヤ教文献の中にイエス像を探す試みもあるが、残念ながらそのような記述はほとんどない。四―五世紀のラビ文献にイエスのことが述べられているという視点からの研究が最近行われてきたが*、やはり具体的なイエス描写は見出されていない。

ペーター・シェーファー『タルムードの中のイエス』上村静・三浦望訳、岩波書店、二〇一〇年。

最初期のキリスト教は何を伝えていたか

総じて、紀元後最初の数世紀の間、運動体としてのキリスト教には徐々に関心が持たれるようになっていくが、その創始者としてのイエス自身の史的存在にはほとんど関心が払われていなかったということになる。これは実のところ、パウロの宣教内容からも推測される。パウロ書簡にはイエスの十字架死や復活についての言及が見られるが、生前のイエスの様子についてはほぼ言及がない。またパウロが「私も受け取ったもの」という第一コリント書の復活伝承（一五・三―八）も、イエスの死から始まっている*。最初期キリスト教の宣教の重点は「復活」にあったと考えられるため、イエス自身にまつわるエピソードも伝えられていたはずだが、それらはキリスト教宣教の中心ではなかった。「復活」に重きが置かれていたのであれば、イエスのそれまでの生き方よりも「復活者としての救い主」という考え方に偏ることも当然といえる。最初期のキリスト教徒たちは復活に望みを置いていたのである（現在のキリスト教信仰ではやや後退している感もある）。

本書115頁参照。

なお、イエスの言行は口頭伝承によって保存されてはいたものの、すでに意味がよくわからなくなっているものもあったため、のちの教会によって解釈が加えられている部分もある。* これも、最初のうちはイエスの言行への関心が低かったことを支持するものであろう。イエスの言葉が重視されていれば、それらはもっと確実な意味内容とともに伝えられたはずである。

「イエスの生き方」へのこだわりは、むしろ福音書以後に生まれたものと考えられる。福音書が記されたということは、イエスの生涯に関する伝承も知られていたということである。福音書記者はそれらを用いて福音書を書いていったのであろう。実のところ、宗教改革までは信徒が直接聖書を読むことはほぼ皆無であったから、「イエスの生き方」を信徒が知ることは、現在の信徒ほど一般的ではなかったであろう。ミサにおける説教や、教会内の装飾画、彫刻から学んだのであろう。

なお、日本ではほとんど知られていないが、欧米では「イエスは本当に実在したのか」という議論が定期的に起こる傾向があると聞く。否定論が提唱され、それに対して反論が出るという流れが繰り返されているが、近年では超一流の新約聖書学者であるバート・アーマンも関わっており、彼の著書でイエスに関する証拠が徹底的に検証された。* アーマンの結論は、具体的な姿を描き出すことは難しいものの、イエスの実在そのものまで否定することは無理である、というものであった。イエスの実在まで疑う必要はないと考えてよいだろう。

* 「種蒔きのたとえ」（マコ四章）など。本書44頁以下参照。

* Bart D. Ehrman, *Did Jesus Exist? The Historical Argument for Jesus of Nazareth*, New York, NY・HarperCollins, 2012. アーマンはカトリック教徒で修道士も目指したが、信仰を棄て、米国の大学で新約聖書学を教えている。

イエスに関する伝承と史実と推測

古代におけるキリスト教批判の中で「イエスの父はローマ兵だ」というものがあるらしい。人間イエスをめぐる事柄についてはどう考えればよいかという質問があった。イエスはキリスト教内外に大きな影響を与え続けた存在である。キリスト教という宗教の枠を離れても、その言葉は価値あるものとされ、倫理の教科書にも取り上げられている。しかし既に述べたように、イエスの実態は私たちが思っているほど明らかではない。そもそも資料が乏しいために「わからない」のである。それは実のところ、新約聖書時代の人々にとっても同じであった。有名になるような人は、その生い立ちから優れていたであろうと人々は考えるらしい。

イエスの誕生物語はその最たるものであろう。一般に「英雄物語」というジャンルでは、英雄など特別な力を持つ者が特殊な状況で生まれたことを語る。竹の中にいたり川から流れてきたり、神の力で母親から直接生まれるといった物語などである。たとえばブッダは誕生の際、母の脇から生まれたとされている。また旧約聖書出エジプト記二章に述べられたモーセの誕生エピソードも、特殊な生まれの物語である。

さらに、旧約聖書には「不妊の妻」というモチーフがしばしば現われる。アブラハムの妻サラ、イサクの妻リベカ、ヤコブの妻ラケルという三代にわたる族長の妻のいずれもが高齢かつ不妊であったというのである。また士師の例では、サムソンの母もそうであった。このモチーフは新約聖書にも引き継がれており、たとえばイエスの母マリアの親戚のエリザベトは不妊であった。イエスの母マリアは性的な交渉を持たずに懐妊したとされているが、「本来懐妊するはずがないのに懐妊する」という状態は、明らかにこの伝統の延長線上にある。イエスの誕生について、実際の誕生の経緯とは別に、マタイ福音書やルカ福音書でまとめられているような伝説的な物語が作り上げられていったのである。

問題は、伝説的な物語のどこまでが歴史的事実を踏まえているか、という点にある。マリアの子がイエスで、ヨセフの家で育った、というくらいは史実と考えてよさそうであるが、それ以上のエピソードについてはどこまでが史実か、確実なことは言えない。保守的な立場を取れば、マリアはイエス出生をめぐるエピソードを当然自分のこととして知っているわけであり、またマリアは最初期の教会にも加わっていたと想定されているので（使一・一四）、誕生物語の記事はほとんどが真実である、と主張できるだろう。実のところ、多くの人々がなんとなくそう思っているのではないだろうか。またマリアはローマ兵に強姦されたという説も*、「ヨセフはイエスと血縁関係にない」ということが史実であるとの前提に立っている。

しかし既に述べたように、誕生物語のエピソードには相当程度の脚色が含まれていると考えるのが妥当である。「ヨセフはイエスの肉親ではない*」という物語は史実なのだろうか。私は疑わしいと考えている。イエスは三〇歳頃に宣教活動を始めるまで（ルカ三・二三）、ほぼ人に知られていなかった。父ヨセフがいつ死んだのかはわか

* オリゲネス『ケルソス駁論Ⅰ』一・三二（『キリスト教教父著作集八』出村みやこ訳、教文館、一九八七年、三九頁）。キリスト教への批判としてこの説が採り上げられている。

* イエスの家族関係について宣教活動の開始については、嶺重淑『ルカ福音書 一章―九章五〇節』（日本キリスト教団出版局、二〇一八年、一五二頁）参照。父ヨセフについては、佐藤研『イエスの父はいつ死んだか』（聖公会出版、二〇一〇年）参照。義人でなかったというわけではないが、それを保証するような史実もない。母マリアの年齢については、イエスを一五歳で産んだとしても、イエスの死の時点ですでに四五歳を超えていることになる。拙論「イエスの母はいつ死んだか」（『ヴィア・メディア』一七号、ウイリアムス神学館、二〇二二年）一―一一頁参照。

らないが、イエスの青年期以前であったという説もある。すると、イエスが宣教活動を始めた時期にはすでに父ヨセフは死去していたであろう。また誕生物語ではヨセフが義人であることが強調されている点も、物語上の脚色と見なせる。マリアは存命であったが、イエスの死後、そう遠くない時期に死去していたであろう。マリアの死後には、イエスの誕生をめぐる伝説化は一層進んだと思われる。イエスの弟妹たちは聖書にも記されているが（マコ三・三一）、長子であるイエスの出生については知る由もない。実際のところは、イエスは普通にヨセフとマリアの子であり、この三人全員の逝去後に、先述の旧約聖書的伝統を踏まえつつ、イエス誕生をめぐる神話的な物語が作られていった、ということではないだろうか。

なお、ローマの属州統治下にあったユダヤにおいてローマ兵による性暴力の類は現実に存在していたであろうし、そのことを否定できるものではない。フェミニスト聖書解釈*は従来「消されていた」女性たちの声を聖書テキストの中から浮かび上がらせるという大きな貢献を続けている。ただし、当時頻繁に起こっていたといっても、それがマリアという個人に当てはまるかどうかについては十分な根拠が必要である。

幼少期・青年期のイエスの姿が福音書に見られないのは、おそらく単にその情報が知られていなかったからであろう。それは、公生涯の始まりまでイエスが無名であったことを示している。のちの人々は、その空白部分を埋めようと新たな伝説を作り出した。その最たるものが外典の『トマスによるイエスの幼児物語*』であり、五歳から

フェミニスト聖書解釈
日本では絹川久子、山口里子が新約聖書をフェミニスト神学の視点で読み直すさまざまな著作を出している。絹川久子『女性の視点で聖書を読む』（日本基督教団出版局、一九九五年）、山口里子『新しい聖書の学び』（新教出版社、二〇〇九年）。

『トマスによるイエスの幼児物語』
二世紀末に成立。本書206頁参照。邦訳は『新約聖書外典』荒井献編、講談社文芸文庫、一九九七年所収。

一二歳にかけてのイエスの奇跡エピソードを集めたものである。奇跡と言っても奇想天外なものが多く、たとえば土で鳥を作ったらその鳥が生きて飛んで行ったとか、気に入らない家庭教師を「私の方がお前よりわかっている」とやりこめたりとか、いじめてくる同級生を殺してしまったりとか、正典に入らないのは当然だと思わざるを得ない話ばかりである。

聖書の記述を疑い出した結果として、聖書そのものを放棄することになってしまってはもったいない。記述をそのまま事実として受け取るだけでなく、「この記述の背景にある当時の人々の思いはなんだろう」と考えることは、聖書の理解を深めることにつながる。その方向で想像の翼を広げてみてはいかがだろうか。

私家版「イエス伝」

イエスの歴史上の生涯はどのようなものであったのだろうか。以下は、著者の考えに基づいて構成した「イエス伝」である。もちろんこれが史実であると主張するつもりは全くない。

＊　＊　＊

イエスは紀元前四年頃、ガリラヤのナザレで生まれた。父はヨセフ、母はマリアであった。家業は大工であり、家具などを作る指物師《さしものし》でもあった。イエスは長男として、幼い頃から一家の仕事の一部を担っていた。イエスには弟や妹がいたが、同様に「小さな大人」として働いていた。それは、ガリラヤ地方は比較的貧しい地域であったからでもある。パレスチナは南北に長いが、南王国ユダの伝統を受け継ぐ首都エルサレムのある南部は経済の中心地であった。ガリラヤは農業や漁業が盛んな地域であったが、それらの収穫は首都に運ばれたり海外に輸出されたりしており、しかも買い叩かれていたようである。経済的にはとても豊かとは言えず、またローマへの税（徴税人たちはそこに自分たちの利益も上乗せして代理徴収していた）や神殿税も重い負担であった。またサマリア地域やガリラヤ地方は、いにしえの北イスラエルの領域であり、バビロン捕囚後に多民族が移り住み、異民族間の結婚が進んでいた。南の人々は「異邦人のガリラヤ」と呼び、蔑《さげす》んでいたのであった。

　イエスは大工であったから、さまざまな人たちからの依頼を受けて家を建てたり家具を作ったりしていたであろう。仕事柄、ガリラヤ地方のあちこちの村を訪れることも多かった。そのような際に、イエスは数多くの人たちと触れ合い、人々の苦労を肌身に感じていただろう。なぜ人々はこのような困難な状況に置かれているのか、神は正しい者を助けてくださる方ではないのか。イエス自身は（旧約）聖書についてそれなりに学んでおり、「律法」や「預言者*」も読むことができた。ユダヤ教は「神を第一にし、神を愛すること」を教えている。それは正しいことだ。ところが、その神が創ったはずの人間は、社会において蔑《ないがし》ろにされている。これは正しいのか。神を愛す

「律法」や「預言者」
ヘブライ語聖書（旧約聖書）は「律法」「預言者」「諸書」の三つに大きく分けられる。新約聖書で「律法と預言者」と言及される場合、旧約聖書を指していると考えてよい。黒田裕『今さら聞けない!? キリスト教——聖書・聖書朗読・説教編』70—71頁表参照。

るのであれば、神が創った人間をも愛することが当然ではないのか……。楽観的なところがあったイエスは、素朴な「神への愛」を信じていた。「アッバ」（お父ちゃん）と呼びかけることができる、そんな神がイエスにとっての神であった。聖書はそのような神を語っている。アダムやアブラハムは神と親しく交わっていたではないか。神が、今のような困難な状態を放って置かれるはずがない！　イエスの思いは確信に変わっていった。

その頃、洗礼者ヨハネがヨルダン川で人々に洗礼を授けていた。洗礼者は神が怒りを露《あらわ》にされる時が近づいていることを告げ、悔い改めて洗礼を受けるよう人々に勧めていた。イエスも自身の経験を踏まえ、洗礼者の活動に共感して参加していた。しかし、神の怒りを強調する洗礼者の考えに違和感を抱くようになっていく。

イエスはじきに洗礼者の元を離れ、独自のメッセージを語るようになった。それが「神の国は近づいた、悔い改めて福音を信じよ」というものである。神の国＝神の支配が近づいている。それは今の苦難の時代が終わることでもあり、特にガリラヤの人々にとってまさに「良い知らせ」であっただろう。イエスは人々の病を癒した。それは近代科学における「病気の治癒」ではない。当時、病気になることは悪霊の仕業、また祖先や自身の悪行による罰とされており、そのような者に関わることは憚《はばか》られていた。病気や障がいを持った人々は、社会から見捨てられていたのである。イエスはそのような人々に歩み寄り、共に交わり、食事をした。それらの人々は、「自分に関わってくれる人がいる！」という喜びに満たされたことだろう。今で言えば精神的な癒しであるが、病気そのものが治ったと感じた人々もいたに違いない。またイエスはさまざまなたとえを語り、人々に「神の国」すなわち「神の支配」のイメージを伝えようとした。それは人が人として大切にされる社会であった。「神の国」は別の領域において起こるのではなく、あなた方の間にあるものである。イエスたちが生きている社会そのものが、神の正義が行われている社会となる――イエスはそれを確信していた。

イエスのメッセージは、社会的に弱い立場にある人々、つまり貧しい人々や病気・障がいを持った人々に強く訴えるものであった。実のところ、社会の多数はこのような人々であった。たちまちのうちに、イエスに従う人々が増えていく。しかし、この状況は、当時の支配者たちにとっては危険な兆候であった。イエスを信奉する人が増え続ければ、反乱が起こるかもしれない。それはユダヤの支配者層にとって困ることであるし、また反乱の多発によってローマ帝国からの信用を失い、自治が剝奪されることは避けたい。とすれば、この反乱の芽を摘み取るしかないであろう。特にエルサレム入城における人々の熱狂は、支配者層に危惧を抱かせるに十分であった。決定的な契機は、神殿の境内でイエスが商人相手に暴力を振るったことであった。これは神に対する反抗とも解釈できる。イエスが暴れれば、多くの群衆も暴動を起こすかもしれない――支配者層の危機感は頂点に達した。

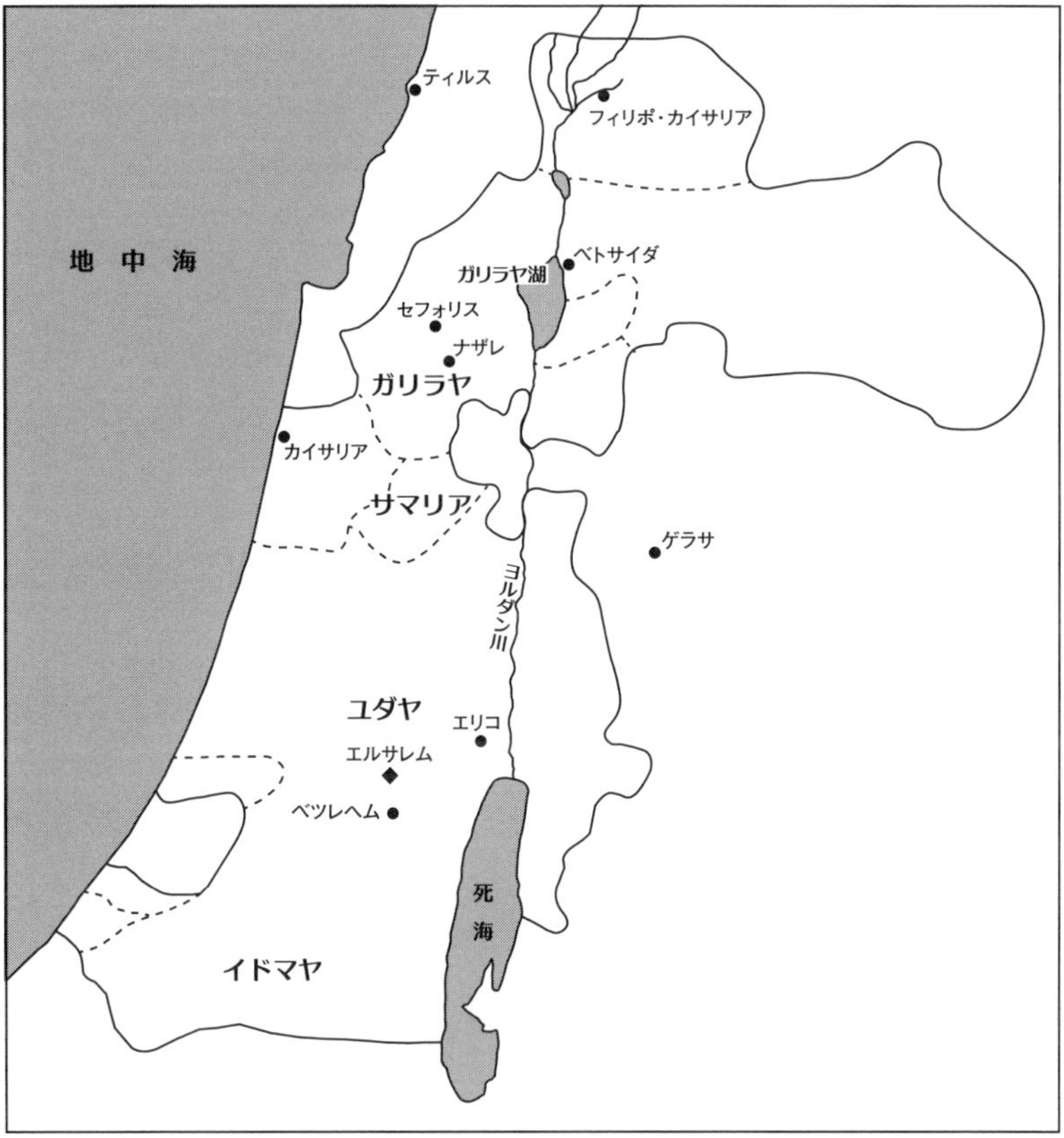

図6　イエス時代のパレスチナ
（ユダヤはローマ帝国属州の一地方でヘロデ大王とその子たちが統治していた）

イエス逮捕のきっかけは、弟子のユダによる内通であった。イエスがどこにいるか知らされた支配者層はイエスを逮捕する。まずは宗教裁判にかけ、冒瀆の罪を着せる。しかし当時はユダヤ人たちの側で死刑を実行することはできない。そのためローマ帝国のユダヤ属州総督ポンテオ・ピラトに引き渡し、イエスが政治犯として扱われるよう画策する。イエスはあくまで「神の国＝神の支配の到来」に対する期待を語るが、宗教指導者たちも総督ピラトもそれを理解できなかった。ついにピラトは群衆の圧力に負けて、イエスに十字架刑を言い渡した。イエスは十字架上で、「神よ、なぜ私を見捨てたのか」と漏らしたが、それはイエス自身の死についてだけではなく、弱い人たちがこのまま放置され続けることに対する嘆きであったのかもしれない。

イエスは死去した。しかし、その死は無駄ではなかった。イエスの死の意味に対する考察を深め、イエスの生き方とその死を受け継ぐ弟子たちが多数いたからである。少なくともその意味では、イエスは永遠に存在する者となったのであった。

＊　＊　＊

イエスのたとえ話がわかりにくいのはなぜか

イエスはたとえ（譬）をよく用いた。「たとえ話」は英語で parable という。語源をたどると、ギリシア語の前置詞 para「そばに」と動詞 ballo「投げる」からなる。

直接当てるのではなく、「近くに投げる」という意味で、直接に対象の物事を説明するのではなく、「それとよく似たところのある身近な物事や具体的な例を引合いに出す」（新明解国語辞典）ということになる。この定義に述べられている「身近な物事や具体的な例」を用いることが、現代の私たちがイエスのたとえ話を理解する際に困難を引き起こす。なぜなら、イエスのたとえ話は、「一世紀のパレスチナにおける身近な物事や具体的な例」を用いているからである。

たとえ話は、どのような場面において必要であろうか。

①直接的な内容に言及するのが憚られる場合
↓迫害者や敵の名前を隠してその危険性を述べる（マコ一三章、黙示録など）
②現実的な例では説明できない場合、すなわち、人々の想定を超える場合
↓「神の国」についての説明（マタ二五・一―一三、一四―三〇）
③より身近な例を挙げることにより理解を助ける場合
↓種まきのたとえ（マコ四・一―九）

などが考えられる。②と③は重なり合うことも多く、「からしだねのたとえ」（マコ四・三〇―三二）などは両方の機能があると言える。

たとえ話は、実際の話し手と聞き手の間で共通の文化基盤がある場合に成立する。

「からしだね」や「ぶどう」、「らくだ」がどのようなものであるかを知らなければ、それを用いたたとえを理解することは難しい（現代の「ぶどう」と古代の「ぶどう」が同じものかという問題もある）。また具体的なもの・事柄を何にたとえるかについても、ある程度の共通認識がないと機能しにくくなってしまう。農業経験がない人に、種まきのたとえは理解しにくいであろう。

実のところ、イエスのたとえについてはすでに新約聖書時代の人々でも理解ができなくなってきていた*。まして、時代も地域も文化背景も違う私たちが、イエスの意図していた内容を再構成することは非常に困難である。もちろん、イエスの考えた意味とは別に、現在私たちが読むたとえ話から自分なりの解釈を作り出すことは構わない。ただそれを「イエスはこう考えていたに違いない」と主張することはできないのである。

*本書48頁参照。

たとえ話に対する理解

しかし当時でも、聞いた全員がイエスのたとえを理解したわけではなかったようである。福音書にはしばしば、イエスの弟子たちがイエスの言動を理解しない様子が描かれる。この「弟子たちの無理解」は新約聖書学において、福音書の著者が作りあげたモチーフと説明されているが、それだけではなく、教育の不十分さゆえにイエスの意図を弟子たちが共有できていなかったからという可能性も考えられる。

イエスはユダヤ教的な素養も比較的多く持っていたと考えられ、シナゴーグ（ユダヤ人の会堂）で聖書を朗読したり（ルカ四章）、説教をしたりする姿が福音書に描かれている。律法学者等がイエスを称賛する場面が含まれているのは、たんなるおべっかではなく、イエスが聖書をよく知っていることの傍証となるだろう。それに対し弟子たちのほとんどは聖書を学ぶ機会も少なく、そこまでの知識を持っていなかったのではなかろうか。イエスが旧約聖書の背景を用いたたとえを語る時、そのような教育を受けて来なかった弟子たちが理解できなかったのは無理もないであろう。

また、イエスが弟子たちに、神の国の秘密はあなたたちにだけ示されている、と述べることがあるが（マコ四・一一）、これは他の文化背景、つまりユダヤ人指導層らの（皮肉な意味での）「高級な」文化を持つ者たちにはわからないのだ、ということを示唆しているのかもしれない。

さらに、新約聖書文書が記される時代（一世紀後半）まで下ると、時代や文化の変化に伴い、さらにたとえの内容がわからなくなる。そのため、後代の人々は解説を入れるようになった。しかもそれをイエスに語らせるのである。例として、「種蒔き」のたとえを取り上げよう。

〈「種蒔き」のたとえ〉

マルコによる福音書四章一―二〇節

1イエスは、再び湖のほとりで教え始められた。おびた
だしい群衆が、そばに集まって来た。そこで、イエスは舟
に乗って腰を下ろし、湖の上におられたが、群衆は皆、湖
畔にいた。2イエスはたとえでいろいろと教えられ、その
中で次のように言われた。3「よく聞きなさい。種を蒔く
人が種蒔きに出て行った。4蒔いている間に、ある種は道
端に落ち、鳥が来て食べてしまった。5ほかの種は、石だ
らけで土の少ない所に落ち、そこは土が浅いのですぐ芽を
出した。6しかし、日が昇ると焼けて、根がないために枯
れてしまった。7ほかの種は茨の中に落ちた。すると茨が
伸びて覆いふさいだので、実を結ばなかった。8また、ほ
かの種は良い土地に落ち、芽生え、育って実を結び、ある
ものは三十倍、あるものは六十倍、あるものは百倍にも
なった」。9そして、「聞く耳のある者は聞きなさい」と言
われた。

10イエスがひとりになられたとき、十二人と一緒にイエ
スの周りにいた人たちとがたとえについて尋ねた。11そこ

マタイによる福音書一三章一―二三節

1その日、イエスは家を出て、湖のほとりに座ってお
られた。2すると、大勢の群衆がそばに集まって来たの
で、イエスは舟に乗って腰を下ろされた。群衆は皆岸辺に
立っていた。3イエスはたとえを用いて彼らに多くのこと
を語られた。「種を蒔く人が種蒔きに出て行った。4蒔い
ている間に、ある種は道端に落ち、鳥が来て食べてしまっ
た。5ほかの種は、石だらけで土の少ない所に落ち、そこ
は土が浅いのですぐ芽を出した。6しかし、日が昇ると焼
けて、根がないために枯れてしまった。7ほかの種は茨の
間に落ち、茨が伸びてそれをふさいでしまった。8ところ
が、ほかの種は、良い土地に落ち、実を結んで、あるもの
は百倍、あるものは六十倍、あるものは三十倍にもなっ
た。9耳のある者は聞きなさい」。

10弟子たちはイエスに近寄って、「なぜ、あの人たちに
はたとえを用いてお話しになるのですか」と言った。

で、イエスは言われた。「あなたがたには神の国の秘密が
打ち明けられているが、外の人々には、すべてがたとえ
で示される。12それは、『彼らが見るには見るが、認めず、
聞くには聞くが、理解できず、こうして、立ち帰って赦さ
れることがない』ようになるためである」。

13また、イエスは言われた。「このたとえが分からない
のか。では、どうしてほかのたとえが理解できるだろう
か。14種を蒔く人は、神の言葉を蒔くのである。15道端の
ものとは、こういう人たちである。そこに御言葉が蒔か

11イエスはお答えになった。「あなたがたには天の国の
秘密を悟ることが許されているが、あの人たちには許され
ていないからである。12持っている人は更に与えられて豊
かになるが、持っていない人は持っているものまでも取
り上げられる。13だから、彼らにはたとえを用いて話すの
だ。見ても見ず、聞いても聞かず、理解できないからで
ある。14イザヤの預言は、彼らによって実現した。『あな
たたちは聞くには聞くが、決して理解せず、見るには見
るが、決して認めない。15この民の心は鈍り、耳は遠くな
り、目は閉じてしまった。こうして、彼らは目で見ること
なく、耳で聞くことなく、心で理解せず、悔い改めない。
わたしは彼らをいやさない』。16しかし、あなたがたの目
は見ているから幸いだ。あなたがたの耳は聞いているから
幸いだ。17はっきり言っておく。多くの預言者や正しい人
たちは、あなたがたが見ているものを見たかったが、見る
ことができず、あなたがたが聞いているものを聞きたかっ
たが、聞けなかったのである」。

18「だから、種を蒔く人のたとえを聞きなさい。19だれ
でも御国の言葉を聞いて悟らなければ、悪い者が来て、心
の中に蒔かれたものを奪い取る。道端に蒔かれたものと
は、こういう人である。20石だらけの所に蒔かれたものと

れ、それを聞いても、すぐにサタンが来て、彼らに蒔か
れた御言葉を奪い去る。16石だらけの所に蒔かれるものと
は、こういう人たちである。御言葉を聞くとすぐ喜んで受
け入れるが、17自分には根がないので、しばらくは続いて
も、後で御言葉のために艱難や迫害が起こると、すぐにつ
まずいてしまう。18また、ほかの人たちは茨の中に蒔かれ
るものである。この人たちは御言葉を聞くが、19この世の
思い煩いや富の誘惑、その他いろいろな欲望が心に入り込
み、御言葉を覆いふさいで実らない。20良い土地に蒔かれ
たものとは、御言葉を聞いて受け入れる人たちであり、あ
る者は三十倍、ある者は六十倍、ある者は百倍の実を結ぶ
のである」。

は、御言葉を聞いて、すぐ喜んで受け入れるが、21自分に
は根がないので、しばらくは続いても、御言葉のために艱
難や迫害が起こると、すぐにつまずいてしまう人である。
22茨の中に蒔かれたものとは、御言葉を聞くが、世の思い
煩いや富の誘惑が御言葉を覆いふさいで、実らない人であ
る。23良い土地に蒔かれたものとは、御言葉を聞いて悟る
人であり、あるものは百倍、あるものは六十倍、あるもの
は三十倍の実を結ぶのである」。

新約聖書学者の橋本滋男は、このたとえを次の三つの部分からできていると解説する*。

①たとえの本体（マコ四・一―八）

このたとえ話の原意は、おそらく、農夫の蒔く種のすべてが結実するのではなく、無駄になるものが多くてもなお豊かな収穫が与えられるように、神の国も、初めは見

*以下の説明はマタイ福音書における並行箇所についての橋本滋男による注解に基づく（『新共同訳新約聖書注解』日本基督教団出版局、一九九一年）。

込みがなさそうに思えて人の目には失敗や後退と見えることがあっても、最後には必ず「圧倒的な成果をともなって出現する」ということにある。したがって、たとえのポイントは、確実にやってくる最後の収穫であって、道端や石だらけのところ、茨の中に蒔かれて無駄になった種の運命ではない。

②たとえを用いて話す理由（マコ四・一〇―一二）

マルコ福音書では、弟子たちはたとえを理解しないが（四・一三）、おなじたとえを記録しているマタイ福音書では、弟子たちはたとえを理解している（一三・一一）。しかしこのようなマルコとマタイの間のズレは、たとえ話の取り扱いが定まったものではなかったことを示しているだろう。

③イエスによるたとえの解説（マコ四・一三―二〇）

この部分は、マルコ以前の初期教会の解釈に由来することはほぼ定説とされる。根拠は以下のようなものである。

（a）終末に対する切迫感が薄れ、宣教を聞く者たちに対する勧告が中心となっている。これは誘惑や迫害に対する姿勢を訴える倫理的性格を強めている。

（b）本来たとえは全体としてひとつの思想を表現するが、ここではそれぞれに対応物があるという寓喩《ぐうゆ》的解釈*になっている。

（c）修飾語のない「言葉」（ギリシア語「ロゴス」）はここだけで用いられ、また他文書では教会の宣教や福音を指す語である。

寓喩的解釈
聖書のテキストは何かを暗示的に表現したものであるとし、テキストが本来指しているものを捉えようとする解釈方法。

(d)「トマス福音書*」に同じたとえがあるが、説明部分がない。

イエスが言った、「見よ、種蒔きが出て行った。彼はその手に(種を)満たして蒔いた。いくつかは道に落ちた。鳥が来て、それらを食べてしまった。他の種は岩地に落ちた。そして、根を地下に送らず、穂を天上に出さなかった。そして、他の種は茨に落ちた。そして、虫がそれらを食べてしまった。そして、他の種はよい地に落ちた。それが種をふさぎ、虫がそれらを食べてしまった。そして、それはよい実を天に向かって出した。それは六十倍、百二十倍になった」。

(トマス福音書、語録九)

このように、③の解説部分はイエスのたとえとは異なった理解を表しているのである。

とはいえ、この③の部分が後代に付加されたものとして、「余計なもの」というわけではない。それは、イエスの考えとは別に、初期教会の人々がどのように理解していたかを表している。イエスの教えを自分たちの生活にどのように生かすのかという点に悩む初期教会の人々の姿が、そこに垣間見えるのではないだろうか。現代の私たちと同じ信徒の姿がそこに残されている。それらの姿に、私たちもまた共感し、励まされることがあるだろう。それもまた、聖書の価値と言ってよいのではなかろうか。

このように、たとえ話の時代背景の違いや、ひとつのたとえ話の中にさまざまな要

トマス福音書　本書199頁参照。

荒井献他編訳『新約聖書外典ナグ・ハマディ文書抄』岩波文庫、二〇二二年、二六六頁。

素が加えられているために、現代の私たちは「イエスのたとえ話はわかりにくい」という印象を抱いてしまうのである。

イエスの奇跡――イエスの不思議な力とは何か

福音書に記された、湖の上を歩いたり、死人を生き返らせたりといったイエスの奇跡は、科学的に説明できないものが多く、二一世紀に生きる私たちにはとても信じがたい。キリスト教でも聖書の内容を事実と理解したり、記述内容とおりに実行したりする原理主義《ファンダメンタリズム》の立場を取るグループは奇跡が書かれているとおりに起こったと信じるが、科学的な知識の否定は、人々に不利益や、時には命の危険をもたらすこともある。とはいえ、聖書は「神のみ言葉」*であるから無視することもできない。そのため、近代以降に科学が発展するにつれて、イエスの奇跡を合理的に説明しようとする動きが盛んになった。科学的に理解できる範囲で、実際にはこういうことが起こったのであろうという説明である。イエスが湖の上を歩いたように見えたのは、浅瀬の部分を歩いていたのだ、あるいは実は船に乗っていたのを弟子たちが見誤ったのだ、またイエスが死人を生き返らせたのは仮死状態にあったものを当時は判断できず、死んだように見えていただけであるといったものである。

しかしこれらの説明は、福音書に記されている出来事が客観的事実として存在したということを前提にしている。現代の科学的な観点における「事実」が存在すると考

「神のみ言葉」
日本聖公会『祈祷書』二五九頁、教会問答（七）。
問　聖書とは何ですか
答　古い契約の民にゆだねられた神のみ言葉を書き記した旧約聖書と、イエス・キリストによって啓示された神の永遠の目的を書き記した新約聖書から成っており、救いに必要なすべてのことがここに記されています

えて、それを説明しようとしているのである。実際には、このような説明では困難な部分が残るであろう。

　では奇跡物語における「史実」は何であろうか。それは、「イエスがそのような奇跡をしたと感じた人々がいた」ということである。これらの人々が、イエスを信じ、イエスに従っていった。だからこそ、イエスの十字架上での理不尽な死に悩み、その解釈を探っていた。そしてそこにイエスの不思議な力を感じ取っていったのである。その人々にとって、イエスの「奇跡」はまさに自分の体験としての史実であった。そこに客観的評価は必ずしも必要ではない。「主観」と「客観」という近代的な二分法に慣れた現代人には、客観性のなさを受け入れることがかえって困難になっているとも言えるだろう。

　実のところ、「信仰」というものは基本的に主観に基づくものである。ある人の宗教体験を聞いたとして、それを聞く人がその体験を「正しい」「正しくない」と判断することはできない。体験した本人にとっての「正しさ」のみが存在しているのである。イエスの奇跡行為も同じであり、それをすべて真実であると信じる人がいてもよいし、史実性を疑う人がいてもよい。ただし個人の理解・経験だけでは集団（教会）としてのまとまりを維持することが難しいため、一定の枠にはめることが必要になる。それが「教理*」である。この語には「凝り固まった教え」のようなマイナスイメージがつきすぎているようだが、教理には理解の幅をある範囲に定める効用があ

＊本書20頁注参照。

る。奇跡を史実と信じることを教理とするグループもあれば、教理とはせずに個人の理解に任せるグループもある。キリスト教に限らず、どのような宗教にもそのような幅がある。教理が厳格になれば、それに合わないグループは分裂して外に出ざるを得ないし、ある程度幅があれば、集団内部のグループとして存在し続けることになる。どちらが正しいということではなく、どちらの立場をとるか、という選択に過ぎないのである。

奇跡をどう捉えるかは、個人の考え方に任せてよいと思われる。それぞれの考え方を尊重し、それぞれの感じる意味で「力あるイエス」を信じる、ということを共通理解とするのが適切ではなかろうか。

奇跡と客観性――パンの奇跡はありえるのか

奇跡については、昔から合理的な説明が試みられてきた。しかし、事件の客観性にこだわることは、かえって奇跡の背景にある人々の願いを見失うことになってしまうかもしれない。

奇跡物語は、人々の願いと密接に関わっている。なぜ奇跡を人々は願ったのかを考えてみたい。病気の癒しであれば、病者は病気そのものの苦労のみならず、特に社会的な意味での迫害も受けていたのであり、治療法が事実上なかったような時代（自然治癒力に任せていた時代）においては、「病気から治ること」は現代よりもはるかに切実だったのであろう。復活についても同様であり、死んだ者は生き返らないという現実があり、しかし亡くなった人に対する思慕の念はやむことなく、もう一度話したい、共に暮らしたいという願いがあったのである。これは現代でも変わりない。

　パンの奇跡、すなわち、多くの人に食べ物を与えるという奇跡についても、同じような背景が考えられる。「食べること」に関する言及は、旧約聖書でも新約聖書でも多数見られる。新約聖書の例では、主の祈りにも「わたしたちの日ごとの糧《かて》を今日もお与えください」という文句が含まれる。「糧」の原語は「パン」であり、日々食べる（主食の）パンを与えてください、という祈りである。これが短い主の祈りに含まれていることそのものが、当時の食の状況を示している。二一世紀を生きる私たちは忘れがちだが、日本において食卓が豊かになったのは二〇世紀後半で、比較的最近のことである。歴史的にみれば、食糧は常に不足していたのである。それゆえ、「食事を与える」ということは救済者の条件の一つと言えるだろう。

　さらに「すべての人が食べて満腹した」（マコ六・四二）という記述は食事の十分さを示すものである。食べ物があったとしても、満足に食べられることは必ずしも普通ではなかった。パレスチナはしばしば飢饉*に見舞われていた。十分に食べられることは、人々の切実な願いであった。

　だからこそ、イエスが救い主であることを示すために、供食の奇跡は重要な要素であったといえる。もちろん、史実として五千人に対する供食があったとは考えにく

飢饉
旧約聖書では創一二・一〇のアブラム、創四一章以下のヨセフ物語など。イエスに近い時代では、ヨセフス『ユダヤ古代誌』一五・二九九—三一六にヘロデ大王時代の飢饉について記されている。

い。しかし、このような物語の核になった出来事はあったのではなかろうか。つまり、かなり少人数だとしても、イエスと共にいる人たちが食事を分け合い、満足した気持ちになったという状況である。ともすれば食糧を奪い合うような状況になりかねない社会において――それは「食」が人間の本能であるがゆえに、どこでも起こりうるものである――イエスと交わる人々の間ではお互いへの尊重が存在していた。そのような共同体にこそ真の満ち足りがある、ということを主張しているのかもしれない。

第3章　パウロ

パウロは、現在の形のキリスト教にとってなくてはならない存在である。パウロが提唱した信仰内容は現在のキリスト教教理の中核となっている。しかも、最初はキリスト教を迫害していたのに、「回心」を経てキリスト教の大伝道者になるという物語も実に劇的である。本章ではパウロ*という人について考えてみよう。

回心前のパウロ

パウロはヘブライ語名を「サウロ」という（使七章、九章）。「パウロ」はラテン語由来のギリシア語名である。一世紀のキリスト教世界においては、本来の名前以外に当時の地中海世界全体で通じるものとしてギリシア語名を持つことは一般的であったようである。たとえば新約聖書で、ペトロ（ギリシア語名）はシモン（ヘブライ語名）およびケファ（アラム語名）と呼ばれている。「イエス」（ギリシア語発音では「イエースース」）のヘブライ語名は「ヨシュア」であるが、その呼び方が新約聖書で用いられていないのは興味深い。

パウロ
パウロについての概説は、佐竹明『使徒パウロ　伝道にかけた生涯』新教出版社、二〇〇八年（NHKブックス、一九八一年の新版）、青野太潮『パウロ　十字架の使徒』岩波新書、二〇一六年。

パウロは小アジアにあったローマ帝国の属州キリキア州（現トルコ南東部）の首都タルソスの生まれとされる（使二二・三）。パウロはベニヤミン族のユダヤ人である（フィリ三・五）とともに、ローマ市民権を持っていた（使二二・二五）。生まれながらにローマ市民権を持っていることから（使二二・二八）、それはパウロの父親ないし祖父の代に何らかの功績によって得られたもので、パウロも受け継いでいたと推測される。パウロは生まれながらにして、ローマ帝国との繋がりがあったのである。タルソスは、ローマとオリエント地域を結ぶ街道が通っていて、人や物の行き来も盛んであったらしい。パウロは自分が住む地域で栄えていたヘレニズム文化と、またおそらく先祖代々から受け継いだユダヤ文化との両方の文化に触れていたようである。

パウロはエルサレムで律法を学ぶ機会を得たようである。ファリサイ派の流れに属する者として、当時著名なファリサイ派の学者であったガマリエル（？―六三年頃）のもとで学んだという（使二二・三）。いわば、律法の英才教育を受けたエキスパートであった。ユダヤ教の理解では、「選ばれた民」とされたことに対する感謝の行為として律法を遵守していた。* 救われるために律法を守るのではなかった。よって、律法にたいして緩い理解をもつキリスト教徒を迫害したのは当然である。* キリスト教最初の殉教とされるステファノ殺害の際にもサウロがいたと書かれているのは意図的であろう（使七・五八、八・一）。サウロがステファノ殺害に直接関わったかどうかはともかくとして、彼はキリスト教徒迫害の現場に立ち会ったことがあることになる。*

E・P・サンダース『パウロ』土岐健治・太田修司訳、教文館、二〇〇二年参照。

パウロはキリスト教徒をユダヤ教の一派（当時は「ナザレ派」と呼ばれていた）と捉えていたようである。

荒井献『使徒行伝　中巻』新教出版社、二〇一四年、五七―六〇頁参照。

パウロはなぜ突然回心したのか

パウロ自身もキリスト教迫害に参加していたと思われる。* ダマスコに行き、信徒たちを捕まえようとしていたが（使九・一―二）、ダマスコへ向かう途上で、パウロは天からの光を通してイエスからの呼びかけを受ける（図7）。「天からの光」は神的な存在を示す表象である（たとえばルカ二・九）。イエスは「なぜ、わたしを迫害するのか」「わたしは、あなたが迫害しているイエスである」（使九・四―五）と告げる。そして、町に行けばすべきことがわかると言われる。具体的な理由や、パウロに何をさせようとしているのかは述べられていない。その時パウロの目は見えなくなった。* そしてダマスコに行き、キリスト教徒であるアナニヤが祈ると、鱗のようなものが目から落ち、パウロの目は再び見えるようになった。これは「目から鱗」という言葉の元になった出来事である。

この時にパウロに何が起こったかは本人のみぞ知ることであるが、ある程度の推測はできるかもしれない。パウロは自負するとおり、律法を極めた人であっただろう。おそらく、誰よりも忠実に律法を守っているという自覚はあったのではなかろうか（たとえばガラ一・一四参照）。しかし律法はあまりに多く、* 詳細に及ぶ。忠実に守ろうとすればするほど、守れないところが目についてしまう。* それはたとえば、（教会の）庭の落ち葉を掃除する際に、掃けば掃くほど最後の一枚が目立ってくるというのに似ている。パウロは律法を熱心に守り尽くそうとしたが、それを完全に実行する

パウロの回心
G・タイセン「パウロの回心」『イエスとパウロ』須藤伊知郎訳、教文館、二〇一二年、一八三―二二〇頁、荒井献『使徒行伝　中巻』新教出版社、二〇一四年、九一頁脚注参照。

同行者については「声は聞こえても、誰の姿も見えない」（使九・七）とあり、また「その光は見たのですが、私に話しかけた方の声は聞きませんでした」（使二二・九）とある。同行者はイエスの声を聞いたのだろうか？

ユダヤ教の律法
六一三項目あるとされ、一年の日数（三六五日）と人間の体にある骨や器官の数（二四八）を加えた数と説明される。つまり、全身で毎日守るべきものという含意。

図7　聖パウロの回心（ジョルダーノ）

ことができないと痛感させられたのである。パウロは悩んでいた。律法を守り尽くすことはできない。しかし、神が人間には不可能なことを命じたということであろうか。それもまた、神のあり方としてふさわしくない。では、それはどういうことなのか……。

　イエスの宣教でも律法は「守るべきもの」と見なされていた（マタ五・一七―二〇）。律法はないがしろにされてはならなかった。しかし同時に、「律法は何のためにあるのか」ということもイエスは問うていた。「金持ちの青年」のたとえ（マコ一〇・一七―三一および並行箇所）などに見られるように、律法を形式的に守ることは、実はそれほど難しいことではない。しかし、律法の本質的な目的、「神を愛し、隣人を愛する」（マコ一二・二八―三四および並行箇所）は実行されているのか。神を愛するならば、隣人を愛するのが当然である。逆に言えば、「隣人を愛する者」こそが「神を愛する者」となるのである。「安息日は、人のために定められた。人が安息日のためにあるのではない」（マコ二・二三―二八および並行箇所）。イエスは律法の根本的な意義を問うていた。律法を守っても、それが人を救わないのであれば一体なんの意味があるのか、というのである。

十字架の意義

パウロもまた、律法の意義と十字架刑に処せられたイエスの死の意義について、イエスがなぜ死ななければならなかったのか悩んでいた。ダマスコへの旅の途上に突如気づいた。イエスの十字架死は、われわれにとっての贖《あがな》いの死、犠牲であったのだ！われわれもまたキリストと共に死に、そしてキリストと共に復活したのである！（ロマ六章参照）この認識に至った時、律法はその役割を終えたものと見なされた。律法は「養育係」だったのであり（ガラ三・二四）、キリストの犠牲の後にはもはやその役割を終えているのである。

こうして、パウロの中では「キリストの死と贖い」が重要な位置を占めるようになった。それゆえ、パウロは「十字架」を重んじるようになる。「十字架」こそが死のシンボルであり、それを通じてこそ贖いが成立しているのである。実際、福音書では「十字架」そのものにはそれほど重点が置かれているわけではない。もちろん受難物語に「十字架」への言及があるとはいえ、その意義は語られていない。「十字架による死」に大きな意義を見出したのはパウロの功績であった。そしてパウロはこの「十字架上で死んだイエス」を宣教していくことになるのである。

このようなパウロの立場は、ペトロらの宣教とは異なる可能性が高い。ペトロらはイエスが神によって復活させられたこと、つまり「神の力」や「死の克服」が中心的であり（たとえば、使三章のペトロの説教）、パウロのような死と贖いの強調とは異なっているのである。

パウロの思想――キリスト教におけるパウロの意義

さてパウロの思想およびキリスト教思想に対する貢献として、三つの点を取り上げよう。（1）律法からの解放、（2）信仰義認、（3）十字架の強調である。

（1）律法からの解放

パウロは「律法からの解放」を告げている。律法遵守をめぐる問題は、異邦人宣教の拡大に伴って生まれてきたものであった。ペンテコステ*の出来事（使二章）に見られるように、異邦人に対する宣教活動はパウロ以前から行われていたと思われる。そもそも、ユダヤ教は民族を基礎とした宗教であり、対外的な宣教に熱心な宗教ではな

＊ペンテコステ　ギリシア語で「五〇日」。イエスの復活から五〇日後（昇天から一〇日後）に弟子たちが聖霊を受けた。

かった。来るものは拒まずという姿勢で、血の繋がったユダヤ民族以外は「改宗者」というカテゴリーのもとに仲間として受け入れていた。最初期のキリスト教は「イエスこそがユダヤの民に約束されていたメシアである」と宣教していたのであり、それはあくまでユダヤ教の枠内のことであった。だからこそパウロも「ユダヤ人の会堂」（シナゴーグ）で宣教していたのである。

それでも、ユダヤ教に興味を抱く異邦人たちは存在していた。紀元前後、一神教という宗教思想は珍しかったようで、関心を抱くローマの人々はそれなりにいたと思われる。それゆえに、アレクサンドリアのフィロン*はユダヤ教思想が広く理解されるよう、ギリシア語でユダヤ教を解説する書物をいくつも執筆している。またパレスチナ以外に住むユダヤ人たち*のために、旧約聖書のギリシア語訳「七十人訳聖書」*も作成されており、ユダヤ教的な考えはある程度知られていたようである。

つまり、ユダヤ教思想の広まりを利用する形で、キリスト教思想も異邦人世界（ヘレニズム世界）に拡大していったのである。その点では、キリスト教の拡大はユダヤ教の広がりに負うところが大きいといえるだろう。そしてユダヤ教を知っていた異邦人たちに対して、イエスの思想はアピール力があった。イエス自身はユダヤ教の枠内で語っていたのだが、その内容には普遍的なものがあったからであろう。律法の枠にとどまらず「人間を大切にせよ」ということが、厳しい状況に置かれていた人々、特に貧しい、身分の低い人々に受け入れられたのかもしれない。

フィロン
前二五／二〇？―後四五／五〇年？

「ディアスポラ」（散らされた者たち）と呼ばれる。

「七十人訳聖書」
ギリシア語で「セプチュアギンタ」と呼ばれる。前二世紀頃の成立。

イエスの思想を受け入れる人々が増えるにつれて、ユダヤ教系のキリスト教徒の間に律法をどこまで守るべきかという問題が起こってきた。ユダヤ教の信徒にとっては、イエスはユダヤ教の流れにあるメシアであるから、イエスを信じる者が律法を守るのは当然であり、律法を守らない信徒などあり得ない。しかし異邦人は律法など、そもそも知らない。律法に従う習慣がない人々がイエスの教えに惹かれてキリスト教徒に加わっていったことで、「律法を守るべき」と考えるユダヤ教由来の信徒と対立することになってしまった。

これは異邦人への宣教を積極的に行い始めたキリスト教が本質的に抱えた問題であった。特に、キリスト教会の本拠であり権威をもっていたのはエルサレム教会であり、そこでは当然ユダヤ人信徒が大多数を占めていた。ゆえに、エルサレム（ユダヤ地方）からやってくる伝道者たちは律法の遵守を求める立場であった。そして各地で論争を引き起こしていた（使一五・一―二）。論争が生じたということは、異邦人宣教を行っていた教会では「異邦人は律法を守らなくてもよい」という見解が現われていたことを意味する。すべての教会が「律法を守れ」という立場なら、そもそもそのような議論は生まれないからである。各地の教会では当初ユダヤ人に宣教していたため律法遵守は当然であったが、異邦人の入信者が増えるにつれ、律法遵守（とりわけ割礼の実行）が疑問視されていったのであろう。これは、新しい人々が教会に加わることで、従来当然とされていた慣習が疑問視されるようになった例といえるかもしれない。

この問題を解決するために、異邦人宣教の拠点であったシリアのアンティオキア*から、パウロらがエルサレムに派遣された（使一五・二）。これがエルサレム使徒会議（四八―五〇年頃）である。そこではペトロが異邦人に聖霊が降った経緯（使一〇章）を語り、「先祖もわたしたちも負いきれなかった軛を、あの弟子たちの首に懸け」るのかと問うている（使一五・一〇）。これはパウロ的な立場をとる使徒言行録の著者ルカの見解であるが、「負いきれなかった軛」という考え方はすでに各地で見られていたのかもしれない。これはパウロの回心の動機と関わっている可能性があるだろう。

エルサレム使徒会議の結果は、「異邦人は律法のうち四つを守ればよい」というものであった。それは、①偶像に備えた汚れた肉、②血、③絞め殺した動物の肉、④みだらな行いの四つを避ける、というものであった（使一五・二〇、二九）。目下の問題として挙げられていた割礼はここに含まれていない。これが、当時エルサレム教会のリーダーであった主の兄弟ヤコブの名の下に定められた内容である。ところが、当の会議に参加したパウロ自身が記すところによると結果は異なっている。パウロは自身の手紙の中で、「〔エルサレム教会の〕おもだった人たちからも〔中略〕実際、そのおもだった人たちは、わたしにどんな義務も負わせませんでした」と述べている（ガラ二・六）。これは通常、律法を一切守らなくてもよいという意味に解釈されている。パウロは同じガラテヤ書の中で、「四つは守れ」といった限定をせず、律法そのもの

アンティオキア
アンティオケとも。アナトリア半島の付け根にあった都市。

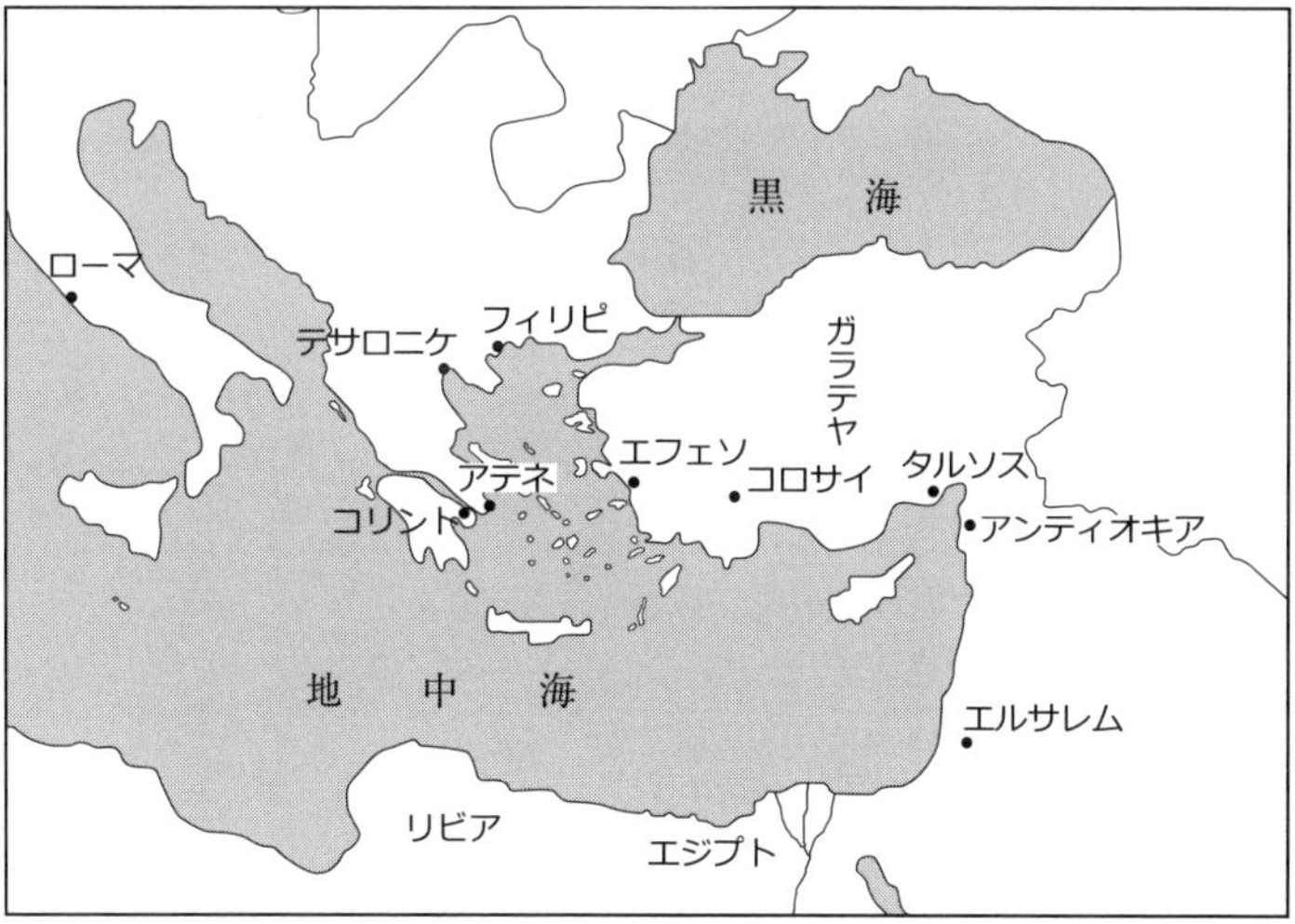

図8　パウロ時代の地中海

が不要であるという論を展開していることも（ガラ二─三章）、パウロが律法遵守は不要であると考えていたという解釈を支持する。つまりエルサレム教会とパウロとで、言い分が異なっているのである。使徒言行録一五章では主の兄弟ヤコブの手紙をパウロがアンティオキアに持って帰り、それを読んだとあるから、少なくともルカの理解ではパウロは「四つを守れ」に賛同していたということのようである。

中世以降のキリスト教会では、公会議で話し合われた事柄は基本的に公文書として公布され、決議内容を確認できるようになっているが、イエスの再臨、つまり終末の到来も近いと思われていた時代の使徒会議では、公式の議事録を残すような習慣はまだなかった（ただし関係者に対して決定事項は伝達された。使一五・二二―三一参照）。それゆえ、このように食い違う二つの記述のどちらが正しいかを判定することは困難である。これがパウロの意図的な変更なのか、誤解なのかはわからない。ともあれ、その後パウロはエルサレム教会のお墨付きを得たような形で、律法を不要とする福音宣教を行っていくのである。

実際、現在キリスト教徒は律法に従うことを求められていない。キリスト教会では伝統的に十戒を重視しているが、それをそのまま守ることは求められておらず、イエスに見られるような理解、すなわち「神を愛し、隣人を愛する」が信仰の中心に置かれている。聖書の記述に則って処理した肉だけ食べているわけではないし、血の滴るステーキも食べている。つまりパウロ的な理解に基づいていることになる。

（2）信仰義認

信仰によって神に義《ただ》しい者と認められる「信仰義認」の思想は、プロテスタント神学の真髄と言ってよい。ユダヤ教においては「犠牲をささげること」が重要な義務であった。この対比関係は意識しておかねばならない。パウロが生きていた時代、エルサレム神殿はまだ威容を誇っており、神殿祭儀こそが神に喜ばれるものと理解され、律法（おもにレビ記）の規定に基づいて、祭儀が行われていた。動物や穀物を献げ物とする儀式は連綿と行われ、神殿こそが地上において神のいます場所と認識されていたのである*。

パウロもまたそれを知りつつ、しかし律法を行うことではなく、イエスを主《しゅ》として付き従う信仰によって救われると主張した。それは、パウロ自身の経験にもよるのであろう。パウロ自身を含むユダヤ人は律法を追い求めたが、律法を完全に守ることはできず、律法の実行によっては、救いは得られなかった（ロマ九・三一―三二）。ところが異邦人は律法を実行していないのに、救いの確信を得ている。それはなぜか。イエスを信じることによって、かれらは救われ、神に義とされたのである（ロマ九・三〇）。これはパウロのようなユダヤ人にとっては衝撃であった。先祖伝来の律法を守ることが神への感謝の印であったはずなのに、それを行わない異邦人も神に選ばれていているというのである！ 今までの律法遵守とはなんだったのか？ そのような疑問がパウロの心を大きく占めていたことは想像に難くない。そして、閃きが訪れた。イエスを神の子、また十字架の死は神への献げ物であると信じることが、神に義とされることであると。もはや動物や穀物は必要なく、イエスそのものが神に対する犠牲であると信じることに取って代わられたのである。

十六世紀になり、信仰義認はルター*によって再発見された。ルターもまた、救いを求めて熱心に信仰を求めたと言われており、パウロと似ている部分があったようである。ルターは新しい教派を作ろうとしていたわけではなく、「九五か条の提題」（一五一七年）によって自分の疑念について学問的な討論を希望していたのである。その主

ラビ＝ユダヤ教
七〇年の神殿破壊後、神殿祭儀を必要としないラビによる教えを中心とする新しい形のユダヤ教が生まれた。現在のユダヤ教はそれを受け継いでいる。

ルター
Martin Luther（一四八三―一五四六年）ドイツの宗教改革者。

なきっかけは贖宥状《しょくゆうじょう》（いわゆる「免罪符」）の扱いであった。当時、カトリック教会は資金集めのために贖宥状を利用し、これを購入することによって罪が免責されると宣伝していた。いわば「地獄の沙汰も金次第」である。このような単純な理解はルターにとって疑問であった。贖宥状を買えば罪が許されるというのか？　しかもそれを実行することが、「天国の鍵*」を与えられたローマ教皇には可能であるのか。神への信仰こそが、救いの条件なのではないか。ルターはそのように考えていたようである。これは、律法の行いによっては救われない、というパウロの考えとよく似ている。だからこそ、ルターはパウロ書簡を読み、そこに自分と似た考えを発見したのではないだろうか。

一方、カルヴァン*を中心とする改革派は、儀式的要素をできるだけ減らそうとした。スイスにおけるオルガン破壊運動もその一環であった。改革派の流れを汲む米国長老派の伝統を受け継いでいるところが大きい日本基督教団の礼拝も簡素なスタイルを取っている。それは決して伝統儀式の軽視ではなく、重要な内容は残し、本質的なところではないと考えた部分をそぎ落としていった結果なのである。典型的な例は、「聖餐式」の式次第である。プロテスタントの聖餐式では、カトリックや聖公会で行われる「ゆるし（告解）／懺悔」「平和の挨拶」に当たるものはない。神へのゆるしの取り次ぎや、懺悔の執り成しをプロテスタントでは認めていないからである。人間同士の繋がりを強く意識させる「平和の挨拶」も神と個人のつながりを重視する立場

「天国の鍵」
ペトロはイエスから罪を許す権限を与えられたという（マタイ一六章参照）。ペトロを初代とするローマ教皇にはその権限が受け継がれているとされる。

カルヴァン
Jean Calvin（一五〇九―一五六四）スイスで活躍した宗教改革者。

から省かれたようである。
　ともあれ、パウロにとっては、ユダヤ教的な意味での「儀式」はもはや不要であり、イエスを主と信じる信仰こそが唯一重要なものとなった。ここから「キリスト教信仰」は新たな歩みを始めることになったのである。

(3) 十字架の強調

パウロの神学は「十字架の神学*」とも呼ばれ、「十字架」を重視する。福音書においても十字架は描かれているが、パウロにおけるほどの重要性はない。イエスが十字架上で死んだこと、そして復活したことについて述べられているものの、その神学的な意味は福音書にはほとんど述べられていない。たとえば、有名な受難予告でも、「殺される」ことは述べられるが「十字架」への言及はない（マコ八・三一、九・三一、一〇・三四）。十字架を強調したのはパウロ神学の特徴である。
　イエスが十字架で死んだのはなぜなのか、という点は最初期のキリスト教における最大の問題であった。イエスはなぜ、あのようなひどい形で死なねばならなかったのか。イエスの弟子たちはさまざまな思索を巡らせた。そして、イザヤ書五三章を通じて、イエスの死は贖い*の死であったという思想を見出したのである。それは人々の罪を背負った身代わりの死であった。イザヤ書の預言は、まさにイエスにおいて実現したのである。

十字架の神学
ルターが用いたラテン語Theologia crucisの訳。十字架において示された人間の罪と救済を重視する。

贖い
「贖う」とは、「買い戻す」または、「お金や品物で、罪や失敗の埋め合わせをすること」の意。

イザヤ書五三章における「苦難の僕《しもべ》」は悲惨な生を歩んでいた。それに対応するのが、イエスの十字架における死であると解釈された。旧約聖書でも、「木にかけられた死体は、神に呪われたもの」とされる（申二一・二三）。ローマ時代においても十字架刑は極刑のひとつであった。パウロは明確にイザヤ書を引いてはいないが、しかしそのイメージを受け継いでいると思われる。「十字架の死に至るまで」（フィリ二・八）イエスは低さの極みに至ったが、それゆえ、「十字架」はパウロにおける重要なシンボルとなった。

キリスト教会のシンボルとしての十字架は広く認められているが、それはパウロに由来すると言ってよい。もしパウロが十字架を強調していなかったとしたら、キリスト教のシンボルは何になっていただろう。カタコンベ*に描かれているのは、たとえば「パンと魚」（図9）であり、「最後の晩餐」であり、また「ラザロの復活」（図10）であった。パウロがおらず、また彼による十字架の強調がなかったら、教会に十字架は掲げられず、私たちは十字架ではないシンボルを使っていたのかもしれない。ましてや、信徒でない人々がファッションアイテムとして十字架を用いることはなかったであろう。キリスト教のシンボルという点においても、パウロは大きなインパクトを残したのである。

カタコンベ
ローマ時代にローマ近郊および地中海沿岸全域で作られたキリスト教徒のための地下墓所。三―五世紀に最も発展した。

パウロはどう評価されているか

パウロはキリスト教にとって欠かせない存在であるが、パウロその人に対する評価は人によって異なるであろう。新約聖書学者の中でも、田川建三は批判的な立場をとっており、パウロは自意識が高く、他人のことを思いやっているようで実は自分中心な人物と見ている。*

パウロとペトロはよく比較される。ペトロが十二弟子の筆頭でありエルサレム教会の代表者の一人であるとすれば、パウロは異邦人教会の代表者であると言えるだろ

図9　パンと魚のモザイク

図10　カタコンベに描かれたラザロの復活

田川建三『イエスという男』『新約聖書 訳と註』（第二版増補改訂版、作品社、二〇〇四年）参照。

う。ペトロは学のないガリラヤの漁師であるのに対し、パウロはその当時において最高レベルの知識を身につけた者である。ペトロは処刑される際にローマに連れて行かれた以外は、ほとんどパレスチナから出ることはなかったであろう。*対してパウロは大規模な宣教旅行を繰り返し実施している。ペトロがパレスチナにおけるキリスト教を率いた功績は小さくないが、パウロが世界に向けた宣教を大きく進めたことは間違いない。日本にまでキリスト教が到来するような契機を生み出したのは、パウロが行った積極的な異邦人伝道の姿勢もひとつの要因であったかもしれない。だとすれば、日本の教会にとってもパウロは重要な存在といえるだろう。

パウロはイエスを正しく理解していたか

イエスは山上の説教で、自分が来たのは律法を廃止するためではなく完成するためだと述べている（マタ五・一七）。それに対してパウロは、律法はもはや不要であると述べている（ガラ三・二四―二五）。パウロはイエスの使信を正しく理解していたのだろうか。

もう一度、イエスとパウロそれぞれの律法理解について整理しておこう。イエスはユダヤ人であり、あくまでユダヤ教の枠内で改革を目指していた。決して新しい宗教（キリスト教）を興そうとしていたわけではない。だからこそ、福音はまずユダヤ人に告げられるべきものとして、異邦人たちは後回しと考えたのである（シリア・フェ

* ガラ二・一一では、ペトロ（ケファ）がアンティオキアを訪れた時、他のユダヤ人たちを恐れて異邦人との食卓を避けたことへの非難をパウロが書き記している（アンティオキア事件）。

ニキアの女性のエピソード。マコ七・二四―三〇）。これは世界宗教としてのキリスト教を知っている私たちからは不可解であるが、イエスにとっては当然の振る舞いだったのである。

パウロもやはりユダヤ人であり、しかも自ら律法のエキスパートであると自負していた。律法知識では誰にも負けないと考えていたのである。律法に熱心であるがゆえに、律法を守らないと見なされたキリスト教徒たちを迫害していた。ところがある時、天からイエスの声を聞く。それによってパウロはイエスへの信仰を重視する立場に変わった。律法の役割はもはやキリストによって取って代わられたのである。

さて、パウロは生前のイエスに直接会ったことはない。パウロの年齢からすれば、イエスの活動を知っていた可能性はある。エルサレムで律法を学んでいたらしいので、もしかしたらどこかでイエスを直接見たことがあるかもしれない。しかしイエスらを直接迫害したことはなかったようである。それは、先述のようにイエスは基本的に律法を守っていたからであろう。その後のキリスト教徒は「復活した」というイエスを「メシア」と主張した。このことはユダヤ教思想にとって問題である。メシアが十字架にかけられて殺されるようなことはあり得ないからである。またキリスト教はパレスチナ以外のヘレニズム世界にも急速に拡大したが、そこで信徒になった者たちには異邦人、つまり非ユダヤ人も多数含まれていた。非ユダヤ人であるということは、そもそも律法を守っていない。端的には「割礼」を受けていないということであろう。割礼はアブラハムに遡る契約のしるしであり、それを受けていないことはユダヤ人として認められないのである。これらの理由で、パウロはキリスト教徒を迫害していたのであろう。パウロはおそらく、イエスの地上の活動についてはほとんど知らなかったのではなかろうか。パウロの迫害対象はあくまで「イエスをメシアと主張するキリスト教徒」だったからである。

そのような迫害活動のさなか、ダマスコへの途上でパウロは天からのイエスの声を聞く。ここでは「わたしはあなたが迫害しているイエスである」という言葉のみが記録されており、具体的にどのような苦情(?)がイエスからパウロに語られたかは示されていない。しかしパウロには、「天からの声」そのものがインパクトのある出来事だったと思われる。ユダヤ教には「バト・コル」という「天からの声」についてのイメージがあった。それは神からの直接の語りかけを意味していた。パウロもおそらくこれを知っていたことだろう。「天からの声」という事態そのものを、パウロは神そのものとの出会いと理解したのかもしれない。

繰り返すが、パウロが知っているイエスは実質的に「天からの声」のみである。つまりパウロはイエスの公生涯を踏まえてイエスを理解していたのではない。また「天からの声」は当然ながらパウロの主観的な受け取り方である(一緒にいた人たちが声を聞いたのか、光を見たのか、使徒言行録九章および二二章を比較すると興味深い)。パウロが理解したイエスとは客観的なものではなく、あくまで「パウロ自身の理解によるイエス」なのである。そうであれば、パウロがイエスその人の考えをそのままに伝えていなくてもおかしくはない。もちろんイエスの言行について、人々の間で伝承はされていた。しかしまとまった形で文書化されるのはマルコ福音書（七〇年頃）が初めてであり、パウロが活発に活動していた時代（三〇年代後半―六〇年代前半）よりも前である。

そもそもパウロに限らず、一―二世紀のキリスト教徒たちは「自分たちなりのイエス」を語っていた。新約聖書にも「ほかの福音」のような表現（ガラ一・六）や洗礼者ヨハネの洗礼しか知らないキリスト教徒（使一八・二五）などが描かれているが、まだ正統的な教理を定める組織もなく、東地中海地域のあちこちで独自の理解に基づいてイエスのことが語られていたのである。のちの正統教理はパウロ思想をベースにしているため、それだけしかなかったと思いがちであるが、最初期のキリスト教は実に多様であったのである。それは「イエスが救い主である」という点以外ではさまざまで、「キリスト教」と一括りにすることも難しいかもしれない。その意味では、一定の教義が定められたニカイア公会議（三二五年）以外は群雄割拠の時代だったのである。

当初の問いに戻れば、パウロは自分が理解したイエス像を語っていたのであり、それが歴史的なイエスの言行と一致しているかどうかは気にしていなかったし、一致させる必要も感じていなかったのである。この点で、キリスト教は最初期から二つの中心——イエスとパウロ——を抱えていたということができる。このことはのちのキリスト教思想史にも大きな影響を与えることになる。つまりパウロ思想を基礎とした正統教理に対し、「イエスに戻れ」という運動が起こることになったのである。その最たるものが一六世紀に起こったルターによる宗教改革であったと言えるだろう。

パウロ理解の新潮流

パウロは律法を否定し、信仰のみによって救われることを主張したというのはキリスト教において一般的な認識である（本書でもその前提で記している）。この背景には、パウロ当時のユダヤ教が律法を形式的に重んじるものであるという認識があった。実のところ、一世紀のユダヤ教については長い間、キリスト教を通してのみ知られていたのである。そこにはキリスト教側のバイアスがかかっていた。

二〇世紀になって、イエス時代のユダヤ教をユダヤ教側の文献を用いて理解する動きが盛んになってきた。それはパウロ研究において、サンダースによる『パウロとパレスティナのユダヤ教』*として結実した。サンダースに代表されるパウロ研究は、「パウロにおける新しい視点」*と呼ばれている。その主な主張は、①律法を完全に守ることで救済に至るというユダヤ教観は正しくなく、律法の遵守は神の恵みへの応答である、②パウロが律法を批判するのは「行い」による救いという観点からではなく、ユダヤ人と異邦人を隔てるものとして律法を用いる、ユダヤ教の民族的な主張に

E. P. Sanders, *Paul and Palestinian Judaism*, Augsburg, Fortress/SCM Press, 1977.

「新しい視点」
（New Perspective on Paul, NPP）研究史については、山口希生『異邦人もギリシア人もなく』新教出版社、二〇二三年。

反論するためである、というものである。②は異邦人が救われるためにユダヤ人にならねばならないのかという問題であり、律法遵守をめぐる教会内の対立を踏まえたものと考えられる。パウロによれば、キリストによって新しい救いの道が開かれたのであるから、律法の実行によって救われようとするのはもはや古い姿勢なのである（ガラ三・一九、二四―二五）。よって異邦人は異邦人のままで、ユダヤ教の律法を守ることなしにキリストによる救いに至ることになる。これはまさに後代のキリスト教が重んじてきた思想である。

ユダヤ教をめぐっては、さまざまなイメージが長年にわたって作り上げられてきた。キリスト教、また聖書もその一端を担ってきたのである。ユダヤ教そのもののあり方を見つめ直すことで、ユダヤ教の姿、またキリスト教の姿が新たに発見されている。キリスト教理解も常にアップデートされているのである。

第4章　新約聖書の個別文書について

福音書の順序には理由があるか

マタイ福音書冒頭の「イエス・キリストの系図」は、新約聖書を初めて手に取った人を戸惑わせるものであろう。ほぼ一頁にわたって、見慣れないカタカナの名前が並んでいる。これに嫌気がさして聖書を放り出した人は、歴史的にも数多くいたのではなかろうか。マルコ福音書やルカ福音書が新約聖書全巻の冒頭であればよかったのに……と思う信徒の方もいたことだろう。

そもそも、福音書の配列順序はどのようにして決まったのであろうか。これは公会議等で設定されたものではなく、慣習的に決まったようである。各福音書は個別に記されたもので、順序が最初から定まっていたわけではない。正典確定の過程において、ヨハネ福音書は長く議論の的であった。他の三つの福音書とあまりに内容が異なり、また神学的にもグノーシス思想*的との疑義が出されたからである。*そのため、正典と認められるようになっても、最後に配置されることになったと考えられる。

グノーシス思想
ギリシア語「知識」より。「光を与えられた」者だけに与えられる秘密の知識の探求を重視し、「物質は悪である」と解することから、（肉体をもった）「イエスの人性」を否定した。

田川建三『書物としての新約聖書』勁草書房、一九九七年、九〇―九三頁参照。

「マタイ・マルコ・ルカ」の順序については、それぞれの著者の名前を考えてみよう。ただし、福音書の著者名はあくまで後代に付加されたもので、実際の著者がこれらの名前であったかどうかはわからない。

三人のうち、「マタイ」のみが十二弟子に含まれている。つまりイエスに最も近い存在であり、よりイエスの真実を伝えていると考えられたのであろう。それゆえ、福音書群の冒頭にふさわしいとされたようである。

マルコは伝説的にはパウロの弟子と見なされているが（使一二・一二、フィレ二四など）、このマルコが福音書を書いたかどうか確証はない。

ルカもまたパウロの協力者とされる（フィレ二四、Ⅱテモ四・一一、コロ四・一四）。かつ、ルカ福音書の冒頭では、著者（ルカ）は自分がイエスの直接の目撃者ではないことを暗に述べている（ルカ一・一―三）。もし自分が目撃者であれば、「最初から目撃して御言葉のために働いた人々がわたしたちに伝えたとおりに」や「わたしもすべての事を初めから詳しく調べていますので」とは言わず、「わたし自身が見たとおりに」など自分の証言を強調するに違いない。またマルコとルカはいずれもパウロの関係者であることにも注意したい。パウロ神学を重視する現在のキリスト教とは異なり、キリスト教のごく最初期においてはパウロの権威は必ずしも高くなかった。よって、彼に連なるマルコやルカの福音書がマタイよりも評価されることはなかったであろう。

マルコとルカの順序については、ルカ文書がもともとルカ福音書と使徒言行録の二部構成から成る一組の文書であることから、イエスの死と復活までで結ばれるマルコ福音書が先に置かれたと推測される。こうして四つの福音書を並べる際、マタイ福音書は冒頭に置かれることになったのであろう。なお、おもに英国では、各福音書の並びからマタイ福音書を「第一福音書」(First Gospel)、マルコを「第二福音書」(Second Gospel)、ルカを「第三福音書」(Third Gospel)と呼ぶことがある。ただしこの呼び方は現在ではほぼ廃れており、ヨハネ福音書を指す「第四福音書」(Fourth Gospel)のみが生き残っている。これは「ヨハネ福音書は独特な存在である」という意識によるものかもしれない。

福音書はなぜ記されたか――マルコ福音書

イエスの死後、信徒が第二世代・第三世代へと移り変わっても、イエスの再臨はまだ起こらない。それ自体も問題であるが、イエスを直接目撃した人々は次々にこの世を去り、証言できる者が急速に減少していった時代に書かれたのがマルコ福音書である。それまでは口頭伝承でよく、そのほうがむしろ迫力があっただろう。そもそも初期の信徒で文字を読み書きできる人は僅かであったに違いない。しかしイエスのことを直接語れる者がいなくなりつつあった。その事態に対応するため、イエスの言行をまとめた文書として残す動きが現われた。最初期の宣教はイエスの復活に重点を置いたが、イエスその人の振る舞いについても伝え続けられていたのである。イエスの復活の前段となる受難物語、イエスの語録と推定されるＱ資料などは早くから文章化されていた可能性が高い。それらを元につくられたのが、マルコ福音書であった。

マルコ福音書は、イエスの活動を物語の形で一つにまとめたものとしてはおそらく最初であっただろう。そこにはイエスの生涯、行いや言葉が集められた。それはいわば、「キリスト」ではない、イエスその人への関心であった。

福音書の成立は、「キリスト」に偏っていた関心を「イエス」へと引き戻すものともなった。最初期のキリスト教はイエスの「復活」を福音と見なした。しかし福音書のようにイエスの行いがまとめられると、イエスの行いに倣うという方向性が生まれてくる。それは「イエスに従う」ことの意味の拡張でもあった。初期には「十字架を担う」とはまさに「イエスと共に死に、イエスと共に復活する」ということであったが、そこには必ずしも社会的な役割は表されておらず、個々人の救いという側面にとどまる。イエスの公生涯、弱者に手を差し伸べるという生き方が福音書の形で伝えられることによって、「弱者と共に生きるイエス」に倣うことにも目がむけられるようになっていったのである。*

なおイエスへの関心が高まるにつれて、それまでイエス伝承にはなかった、誕生物語が生み出されて付加されていく（マタ一―二章、ルカ一―二章）。ただしそれは少年・青年時代を埋めるにまでは至らなかった（新約外典がその隙間を埋めている）*。

キリスト教における「社会活動重視派」と「伝道重視派」の対立は、すでにここに起源があると言えるかもしれない。

本書206頁参照。

福音書の系図の意図は何か

マタイはなぜ福音書の冒頭に系図を置いたのであろうか。冒頭に「アブラハムの子ダビデの子、イエス・キリストの系図」（一・一）とあり、この言葉が系図の目的を表している。つまり、イエスはアブラハムの子孫であり、またダビデの子孫であるという主張である。アブラハムは神と最初に契約した、ユダヤ人にとって最も重要な父祖である。また、油を注がれて神によって偉大な王とされたダビデは、ユダヤ人の歴史におけるスーパースターとして崇められる存在である。民族の父アブラハム、最高の王ダビデ、イエスはその二人の血統を引き継ぐ、偉大な存在、救い主であると主張していることになる。このことからも、マタイ福音書は読者としてユダヤ人を意識していることがわかる。アブラハムやダビデが誰かを知らない人々には、この系図は全く意味がない。

そもそもユダヤ人は系譜、つまり系図を重んじる人々である。旧約聖書にも系図が頻繁に現われる。またバビロン捕囚からエルサレムへ帰還する際には各人の系譜が確認され、出自を示せない者はその職からも排除された（たとえばエズ二・五九―六三）。これはバビロン捕囚の期間中にサマリアを中心にして異民族間の結婚が進んでいたことを踏まえ、ユダヤ民族のアイデンティティが失われる危険を感じたためであろう。現代においても、ユダヤ人*とは母親がユダヤ人であると考える人が多いようである。マタイ福音書はユダヤ人向けに書かれたというのが定説であるが、系図もまた読者で

*ユダヤ人とは誰か
現在のイスラエル共和国の法律（帰還法・一九七〇年修正）では、「母親がユダヤ人」か、「ユダヤ教徒である」（血統に限らず入信できる）ことが条件となっている。

あるユダヤ人への「効果」を意識して置かれたものであるといえるだろう。

系図の内容そのものについては、必ずしも旧約聖書に根拠のない人名が含まれていたり、また年代の幅がまちまちであったりするので、歴史を正確に反映したものではない。しばしば指摘されるのは、この系図の中に五人の女性（タマル、ラハブ、ルツ、ウリヤの妻、マリア）が含まれていることである。ユダヤ社会の系図に女性が現われるのは異例であるとされる。これらの女性については、①罪に絡んでいるとする説、②異邦人であるという説があるが、後者が妥当であろう。また最後に「一四」という数字が繰り返し現われている。ヘブライ語のアルファベット（ヘブライ語では「アレフベート」）は文字としてのみならず、数字としても用いられる。*これをダビデに当てはめた時、ダビデの綴りの文字の和が一四となることから、ここはダビデの子であることが強調されているとする説がある。あるいは、ユダヤ教の「聖なる数」である七を二倍した数として、キリスト教の方が（大きな数なので）優れていると主張しているのかもしれない。三組の「一四」の後にイエスが生まれたことで、新しい「一四」の時代が始まったということを表しているのである。*

ルカ福音書にもイエスの系図が述べられている（ルカ三・二三―三八）。マタイの系図は、アブラハムから始まり、ダビデを経由してイエスに至るという時代を下るものであったが、ルカの系図は逆に、イエスから始まって時代を遡っていく。一四のような区分はなく、ひたすら名前が並んでいる。ここでは七七名が挙げられており、「聖

本書99頁参照。

マタイの系図　詳しくは橋本滋男「マタイによる福音書」『新共同訳新約聖書注解』三三頁参照。数については、橋本、同書、三四頁。ヨハネ黙示録の「二四人の長老」（一二の二倍）も参照。

なる数」七が一一組あると解釈し、イエスの時代は一二組目（イスラエル一二部族）という新しい時代の始まりと見なされる。* ルカの系図に挙げられた名前はマタイの系図とは異なっており、こちらも史実を示そうとしているのではなく、イエスの系譜の正当性を示そうとするものであろう。ルカの系図には女性は登場しない（三・三二の「サラ」は男性名）。

ルカの系図にはいくつか興味深い点がある。イエスはヨセフの子と「思われていた」という（ルカ三・二三）。これはヨセフ以外の人間が真の父であるということではなく、系図の最後にあるように、イエスが「神の子」であることを示唆するものである。これは系図の直前にある天からの声、「あなたはわたしの愛する子」（三・二二）と対応する。つまりルカの系図においては、イエスは「ダビデの子」（ルカ三・三一）や「アブラハムの子」（ルカ三・三四）にとどまらず、さらに遡って「アダムの子」（ルカ三・三八）であり、「神の子」であると主張しているのである。新共同訳聖書では「……アダム（の子）。そして神に至る」と区切られ、「神の子」であることが曖昧にされている。ギリシア語では「……アダム（の子）、神（の子）」であり、聖書協会共同訳ではギリシア語に即してより正確に「アダム、そして神に至る」となっている。アブラハムはいわば「ユダヤ人の祖先」であるが、アダムは最初の人間であるから「全人類の祖先」と言ってよいだろう。ここから、マタイがユダヤ民族向けの文書であるとすれば、ルカはそれを超え、全人類を対象とした文書であることを目指した

* 三好迪「ルカによる福音書」『新共同訳新約聖書注解』二八二頁参照。

のである。

以上のように、マタイ福音書とルカ福音書に掲載された系図は、史実というよりも、それぞれの著者の神学や主張を明確にするためのものである。その点で非常に興味深く、また意義あるものといえる。

一―二世紀におけるキリスト教の拡大

イエスの復活を（おそらくエルサレムで）体験した弟子たちは、独自の集団を形成していった。といっても、当初は独立した集団ではなく、ユダヤ教の一派として振舞っていた。その様子が使徒言行録に記されている。神殿に集まりつつ（使二・四六、三・一三）、自分たち独自の行為として、家で共にパンを裂くこと、つまり最後の晩餐の場面を繰り返していたのである。

使徒言行録によれば、ステファノの迫害の際に、信徒たちがユダヤ・サマリアの地方に逃げていったとされる（使八・一）。初期の宣教対象はユダヤ人であったが、キリスト教はいわゆる異邦人信者を急速に獲得していく（使一一・一九―二〇）。それは小アジアやマケドニア（ギリシア本土）などで行われていた。これは交易ルート等の関係で情報が伝わりやすかったことも関係しているだろう。タルソス生まれでディアスポラの民であったパウロが活躍したのは、まさにこれら地中海沿岸の地方であった。使徒言行録には、パウロは各地に教会を建てていったとあるが、宣教活動をしていたのはパウロだけではない。アポロなど名前を挙げられている人もわずかにいる（使一八・二四—二八）。聖書には記録されない多くの人々がさまざまな福音を伝えていったのであった。

パウロ書簡の特徴

初期教会の通信手段は手紙であった。新約聖書には使徒たちが書いた手紙が収められている。その中で最も分量が多いのはパウロが書いた手紙である。過去に訪れた地の教会に問題が起こった際に（Ⅰコリ、ガラ）、またこれから訪れる教会への自己紹介として（ロマ）、さらに知己への勧告として（フィレ）、さまざまな事情ゆえにパウロが直接訪問することが難しい場合、手紙を書き送った。パウロ自身の手になる手紙は五〇—六〇年頃に書かれたもので、その当時の教会の状況やキリスト教の状況を知るための重要な資料である。

なおパウロが書いたとされる書簡は新約聖書に一四通収められているが、実際にパウロ自身が書いたのは七通と考えられており、新約聖書学においては「真正パウロ書簡」と呼ばれている。「第二パウロ書簡」*と呼ばれる六通は、パウロが書いたことになっているものの、内容からはパウロと異なる時代であることが推測されるため、別グループとして扱われる。ヘブライ書*は末尾にパウロが記したという部分があるが、全体の内容としてはパウロ思想とは異なっており、末尾部分（一三・二二以下）は付

真正パウロ書簡
第二パウロ書簡
内訳は本書15頁章参照。

ヘブライ書
ヘブライ書はもともと説教ではないかと考えられている。イエスを大祭司と見なす独特のキリスト論や、旧約聖書の記述を踏まえた信徒への励ましなど、ユダヤ教的な要素が濃い独特の文書である。

加されたものと考えられる。

一世紀後半になると、各地に教会が建てられていった。それらの教会は設立した人々の信仰を反映していたはずだが、その信仰内容はすべて同じというわけではなかった。アポロはヨハネの洗礼しか知らなかったとあるし（使一八・二五）、魔術師シモンのような誤解（使八・九以下）や、イエスの名を使うユダヤ人祈禱師たちにも言及がある（使一九・一一以下）。当時はまだ正統的な教理のようなものは定められていないし、それを定める組織体もなかった。ただし十二弟子は権威をもっており、かれらが中心となるエルサレム教会が教理的内容を随時判断していた。パウロも自分の福音理解が間違っているのではないかと考えて、エルサレム使徒会議に赴いている（ガラ二・二）。もっともエルサレム教会自体は脆弱であり、小アジアやマケドニアの教会からの献金によって支えられているのが実態であった（Ⅱコリ九章ほか）。さらに第一次ユダヤ戦争（六六―七三年）およびエルサレム神殿の破壊（七〇年）によって、エルサレム教会は消滅し、教理的な判断をする中心地がなくなってしまったのである。

中心地はなくなっても、各地の教会は存在し続けており、さまざまな問題が現実に起こっていた。それらに対応するために各地の教会指導者たちが個別に記していったのが「公同書簡」である。それぞれが自分たちの考える信仰内容を踏まえて述べたゆえに、書簡相互の内容には食い違いも見られる。そのような相違が存在するのが一二世紀のキリスト教の実態であったのである。

公同書簡とは何か

公同書簡と呼ばれるグループにはヤコブ書、第一ペトロ書、第二ペトロ書、第一ヨハネ書、第二ヨハネ書、第三ヨハネ書、ユダ書の七通が含まれる。公同書簡は、英語では伝統的にCatholic Lettersと呼ばれてきた。「公同」は、ギリシア語カトリコス（καθολικός）の訳である。日本聖公会『祈祷書』のニケヤ信経*では「使徒たちからの唯一の聖なる公会を信じます」の「公（会）」にあたる。また文語訳の「使徒信条」では「聖なる公同の教会」と呼ばれる部分である。この語は「普遍的な」「どこでも当てはまる」という意味であることから、英語圏では近年General Lettersと呼ばれることも多い。この語が示すように、公同書簡には基本的に特定の宛名がない。具体的には以下のようになっている。

ヤコブ書	離散している（ディアスポラの）十二部族の人たち
第一ペトロ書	ポントス、ガラテヤ、カパドキア、アジア、ビティニアの各地に離散して仮住まいをしている選ばれた人たち
第二ペトロ書	わたしたちと同じ尊い信仰を受けた人たち
第一ヨハネ書	不明（宛名がない）

＊ニケヤ信経
詳しくは本叢書第Ⅴ巻（岩城總『今さら聞けない⁉キリスト教――聖公会の歴史と教理編』）119―122頁参照。

第二ヨハネ書　選ばれた婦人（教会を指す）とその子たち
第三ヨハネ書　個人名「ガイオ」宛て
ユダ書　父である神に愛され、イエス・キリストに守られている召された人たち

真正パウロ書簡が特定の教会に宛てられているのとは対照的である（ちなみに、第二パウロ書簡も基本的に特定の宛名を持たない）。つまり、これらの文書は「どの教会にでも当てはまる」内容の文書なのである。近隣教会で文書を回覧するよう指示する記述があるが（コロ四・一六）、公同書簡も同様に、回覧されることを目的としていると言ってよい。

また公同書簡は誰がどこから発信したのかも基本的に不明である。各文書の著者とされる名前は、いずれも使徒あるいは使徒レベルの名前であることに注意しよう。「ヤコブ」は十二弟子ではなく、「主の兄弟ヤコブ」であるが、イエスの復活後に弟子たちに加わったとされる。イエスの親族としてエルサレム教会で重んじられ、リーダーシップをとっていた。使徒会議で、異邦人は律法のうち四つを守ればよいという判断を下したのはこのヤコブである*（使一五・一九参照）。「ペトロ」「ヨハネ」は十二弟子の名前である。「ユダ」は裏切り者の方ではなく、やはり十二弟子の一人である（ルカ六・一六。なおマタイ・マルコ両福音書の弟子リストにはこの名はない）。文章の内

*本書64―65頁参照。

容から見て、公同書簡が書かれたのは一世紀末前後であり、これら名前を挙げられた使徒が実際に書いたとは考えられない。公同書簡は使徒の名を借りた文書であり、実際に執筆したのは他の（無名の）誰かである。

では、なぜ使徒の名前が用いられているのだろうか。それは「人々に読んでもらいたいから」である。無名の著者の手紙など、誰が顧みるだろうか。ここはやはり著名人、しかも権威ある十二弟子の名前を借りて、これらの手紙に書かれた内容を読んでもらい、各地にいるキリスト教徒たちを励まし、導こうとしたのである。人は権威になびきやすいというのは、今も昔も同じなのであろう。しかし、ゴーストライターになりながらも、教会のために働こうとする（無名の）著者たちの熱意には感銘を受けるのではなかろうか。

ヤコブ書

先に触れたように、ヤコブ書はエルサレム教会のリーダーである「主の兄弟ヤコブ」が書いたものとされている。なぜヤコブの名を使ったのであろうか。ヤコブ書は「律法」を重んじることを勧める文書である。「エルサレム教会」は、おもにユダヤ人で構成され、ユダヤ教の習慣を色濃く残していた教会であり、ヤコブはエルサレム使徒会議の議論に見られるように律法を重視する指導者であった。であれば、律法を重んじようとするヤコブ書の実際の著者にとっては、エルサレム教会の指導者ヤコブこそ、この内容にふさわしい人物と考えたのであろう。

ヤコブ書においては、具体的な描写を含むたとえなどを通して教会の状況がよくわかる。「律法重視」というヤコブ書の思想は、実際に挙げられた例を見ると、必ずしも空虚な「律法主義」ではない。たとえば、行いの伴わない信仰は人を救わないという（二・一四―一七）。物が不足している人に言葉をかけるだけで現物を与えないなら何になるのか、というのである。なかなか痛烈な批判ではなかろうか。これはおそらく著者の教会で実際に起こっていたことなのであろう。ヤコブ書の批判は、口先だけの隣人愛ではなく実行せよ、というものである。これはイエスによる「善いサマリア人のたとえ」（ルカ一〇・二五―三七）を想起させる。このような意味で「律法を守れ」というのであれば、納得できるのではないだろうか。

また、ヤコブ書の主張として、富を持っている者への強い批判がある。これはおもに不正な手段によって富を得た者たちに対する警告であり（五・一―六）、富のはかなさを訴えている（一・九―一二）。また、財産家に対する批判だけでなく、その周りの人々の応対にも批判がなされる。財産家を手厚く迎え、貧しい人には厳しい態度をとるといった非常に具体的な記述（二・一―四）もやはり、著者の教会の現実であったのだろう。ヤコブ書は「隣人愛の実践」という点において律法の行いを勧めているということができる。それはイエスに通じるものと言えるだろう。

第一・第二ペトロ書

二つのペトロ書は、新約聖書の中でも優れたギリシア語で書かれているとされる。また背景にある時代状況には広範な地域における迫害が想定され（Ⅰペト一・六―七、Ⅱペト三・三―七）、使徒ペトロが生きた時代とは異なっている。これらが著者はペトロではないことの主な理由となっている。

それぞれの文書に見られる特徴的な思想にひとつずつ触れておこう。まず第一ペトロ書には「そして、霊においてキリストは、捕らわれていた霊たちのところへ行って宣教されました」という記述がある（三・一九）。これは十字架によって死んだキリストが、死者の世界に降っていき、そこで福音宣教を行っていたということを述べている。* この「捕らわれていた霊たち」とは、「ノアの時代*」に神に従わなかった人々と説明されている（三・二〇）。つまりイエス以前の「死者たち」のことを意味している。この記述の背景にあるのは、イエス以前に死んでしまった人たちの救いについての問いである。具体的に言うと、「私はイエスの福音を聞いて信じ救われた。でも祖父母はイエスが生まれる前に死んでいるから福音を聞くことはできなかった。私と祖父母は、同じ天国に入れないのか？」ということである。キリスト教の福音は、歴史的な存在であるイエスによって与えられた救いであり、歴史的な時間に制約をうける。それゆえ、イエス以前の人々はどうなるのかが問われることになる。第一ペトロ書はこれに答えて、「キリストは死んだ時に、すでに死んだ人たちの世界に行って福

* これは空想だが、キリストが陰府にいたのはたった三日間でも、その間に誕生していて、今も陰府の世界に宣教者も宣教活動を続けているのであろう。

* ノアの時代
創世記六章参照。

音を伝えてきた。だから（それを聞いて信じた人は）大丈夫」と述べている。具体的な信徒たちの問いがあり、それに対するものとして生み出されたものなのである。なお、死者への宣教という話題は新約聖書ではここにしか現われない。

第二ペトロ書三章では、再臨*の遅れと終末時の様子に関する問題が扱われている。「主が来るという約束は、いったいどうなったのだ」（三・四）という問いが教会内外に沸き起こっていた。最初期のキリスト教徒たちは、イエスの再臨を非常に強く期待していたのである。それはパウロによれば、信徒たちがまだ生きている間に起こるはずだったのである（Ｉテサ四・一五―一七）。ところが第一世代の信徒たちは死に、その後の信徒たちも死んでいく。第二ペトロ書が執筆されたのは一五〇年頃と考えられているが、その頃にはもはや再臨は現実のものとはとても信じがたいものになってしまっていたのであろう。しかし教会はいまだ再臨を主張していたため、何らかの説明を考えねばならなかった。そこで出てきたのが、「一日千年論」とでも呼ぶべき考え方である（三・八―九）。すなわち、神とこの世界とでは時間の流れが異なるとした。神の世界の一日は、人間世界での千年間なのである。人間が千年経ってしまったと考えても、神のもとではまだ一日しか経っていないわけであるから、神は決してさぼっているわけではない、というわけである*。さらに、人々が一人も滅びないように、皆が信じる時を神は待っているのだ、とも説明される。もっとも、この論法によれば、日々新しい人間が生まれてくるわけであるから、神はいつまでも待たねばならないと

再臨
復活したイエスはその後に天に上げられたが（ルカ二四・五一、使徒一・九）、再びこの地上に戻ってくるという考えが生まれた（使一・一一）。それを再臨（パルーシア）という。最初期の再臨期待については本書138頁以下参照。

ユダヤ教の伝統を引き継いでいるとすれば、聖数である七日目＝七千年目に神は再臨を実行させることになるのかもしれない。

いうことにもなってしまう。いずれにせよ苦しい弁解なのであるが、しかしそれも教会の現場からの問題提起に対して、教会指導者たちが必死に考えた回答ということになる。

また終末*において、現在の天地は滅ぼされるという。実のところ、このような「世界の更新」という考え方はユダヤ教の伝統的思想では一般的とは言えない。ユダヤ教の考え方では、現在のこの世界は神に良しとされたもの（創一章）、この世界の中に良い指導者＝メシアが現われ、神による支配が行われるのがこの世界の完成なのである。キリスト教もごく初期の段階ではそれを引き継いでいたと考えられる（Ｉテサ四章）。世界の更新というモチーフは、大規模な迫害の中で「もはやこの（悪の）世界ではどうにもならない」といった意識から生まれてきたものといえる。

第一・第二・第三ヨハネ書

第一ヨハネ書は、ヨハネ福音書と共通のモチーフが多く含まれているため、同じ共同体から生み出されたものと考えられている。福音書がまず書かれ（九〇年頃）、第一ヨハネ書が書かれた（一〇〇年頃）というのが一般的な見解であるが、第一ヨハネ書の方が先であるという意見や、福音書が書かれ編集されている期間に手紙が書かれたという説もある。第一ヨハネ書は手紙というよりも説教的なもの、内部向けの文書と見なされている。本書簡の基調となるのは「相互愛」である。有名な「神は愛で

終末
キリスト教では現在の世界はいずれ滅び、神の支配する新しい世界が訪れると考えるようになった。ヨハネ黙示録はそのような思想から生み出された。

す」（四・一六）もその流れの中に置かれている。

ただし、この相互愛は内部向けのものである。広く人々同士が愛し合いましょう、というのではなく、共同体の内部で互いに愛し合おうと主張している。それはなぜか。第一ヨハネ書の背景には、共同体の分裂が推定される。「反《はん》キリスト」が「わたしたちから去って行きました」という記述はそれを踏まえたものであろう（二・一八―二〇）。それらの人々は「もともと仲間ではなかったのです」と述べられるが、これは残った者の論理、つまり「仲間割れをして、出ていった者は間違っており、残った者が正しい」という自己正当化である。分裂を経験して動揺している共同体を安定化させることは、指導者の重要な使命である。そのために、残った者たちの結束を強めねばならない。それゆえに、残ったメンバー間の相互愛が強調されるのである。そうして共同体の動揺を抑えようとしたのであろう。相互愛は単なる理想の表現ではなく、共同体の現実を踏まえた切実な勧めだったのである。なお共同体の分裂はヨハネ福音書にも見られ、ヨハネ福音書が（特に一四―一六章の「告別説教」と呼ばれる部分において）相互愛を強調するのも同じような背景が存在するからであると推測できる。

第二・第三ヨハネ書もまた、共同体の困難な状況が背景にあると考えられる。第二ヨハネ書では「反キリスト」に言及がある。また第三ヨハネ書ではディオトレフェスという人物が「指導者になりたがっている」（Ⅲヨハ九）とあり、既存の秩序を変えようとする動きが推測される。なおヨハネ文書に見られる相手への批判は、あくまで著者の共同体から見たものであることに改めて注意しておきたい。著者の立場が絶対的に正しいということはなく、あくまで片方の立場からの見解であることを忘れてはならない。新約聖書文書の時代においてはまだキリスト教の教理は確立していないのであり、さまざまな（時には矛盾する）見解が新約聖書には含まれているのである。

ユダ書

ユダ書はほとんど注目されることのない文書だろう。内容としては迫害に対する批判や敵への警告が中心であり、他の公同書簡と共通する部分が多い。特に第二ペトロ書とは共通する内容が多く、ユダ書を参考にして第二ペトロ書が書かれたと考えられている。一四―一五節にある引用は旧約偽典*の第一エノク書*からのものであり、現在の旧約聖書に含まれていない文書が引用されている。

以上のように、公同書簡は諸教会に共通する状況を踏まえ、信徒たちに励まし・勧告・警告を行おうとする書簡群である。これらを通じて、一世紀末から二世紀初めの頃の教会の様子を知ることができる。イエスの十字架から時を経て、各地の宣教へ向かうさまざまな新しい状況に向き合っていく教会の苦悩は、現代の教会にも共通するものがあるかもしれない。書簡から垣間見える、今を生きる者と同様に悩む信徒の姿を探してみることもできる。

旧約偽典
旧約聖書の正典・続編に含まれないユダヤ教・キリスト教文書。邦訳として『聖書外典偽典』（教文館）がある。

第一エノク書
前二世紀頃の成立。エノク（創五章）への啓示として、黙示的な内容が語られる。村岡崇光訳「エチオピア語エノク書」『聖書外典偽典』第四巻、教文館、一九七五年。

ヨハネの黙示録の背景

「黙示」という言葉はギリシア語アポカリュプシス（ἀποκάλυψις）の訳である。この語は「隠れたものが明らかにされる」ことを意味する。「啓示」とも訳されるが、聖書においては特に「将来起こるはずのこと」の説明について「黙示*」が使われている。

黙示文学はヘレニズム期*において作られ始めた。ヘレニズム諸王国やローマによってパレスチナが支配されていた前二世紀から後一世紀頃の間に多く書かれた。他民族の支配に対し、マカベアの反乱*などの実際の反乱の他に、黙示文学によって抵抗意思の表明がなされたのである。敵は強大であるが、最後には神の介入があり、味方が勝利するという物語によって、人々を励まそうとしたのである。現在支配している者が敗退するという内容であるから、直接的な人物描写などは難しい。よって、幻などのイメージが多用されることになる。たとえば旧約正典のダニエル書（前一七四年頃成立）があるが、これはセレウコス朝シリアのアンティオコス四世（前二一五？—一六三年）によるパレスチナへの圧政を踏まえたものであるとされる。ダニエルはバビロン捕囚からペルシア時代（前六—五世紀）の人物であるが、そこに前二世紀の状況を重ね合わせたのである。それは、ペルシア時代には存在しない国名（ギリシア、ローマ）が述べられることからもわかる。また旧約偽典には「シリア語バルク黙示録」「第四エズラ書」などの黙示文学がある。他の文書とはかなり雰囲気が異なるためか、い

黙示
直截に述べず、暗黙のうちに考えや意志を示すこと。

ヘレニズム期
アレクサンドロス大王（前三五六—三二三）が中近東を広く支配した後、ギリシア文化がそれらの地域で広まった時期。

マカベアの反乱
旧約聖書続編「マカバイ記」参照。

ずれも旧約正典とされなかった。

新約聖書では「ヨハネの黙示録」が黙示文学の代表であるが、マルコ福音書一三章（「小黙示録」とも呼ばれる）、第二ペトロ書三章など、黙示的な内容をもつ部分が知られている。新約外典には「ペトロ黙示録」「パウロ黙示録」などがある。* これらには、地上で暴虐を振るった人々の地獄における運命が詳細に述べられており、一種のエンターテイメントとして読まれていた可能性もある。

ヨハネの黙示録は新約聖書における代表的な黙示文書である。九〇年頃の作と考えられており、ローマ帝国によるキリスト教迫害を背景としている。そもそも著者ヨハネ自身*、パトモス島に島流しにあっているのである（一・九）。著者はおそらく小アジアの教会の指導者であり、自分が関わる小アジアの七つの教会に向けて励ましの手紙を送っている（二―三章）。

五章には天上における神の前に「子羊」が現われるが、それは七つの角と七つの眼を持つ奇怪な生き物である。これが「屠《ほふ》られたキリスト」であるという。つまり十字架上で死んだイエスが、犠牲の子羊という形で神格化されているのである。この子羊が七つの封印のついた巻物を受け取り、その封印を開くたびに天変地異が起こるという（六―一〇章）。これらの天変地異の描写には空想的な部分も多いが、昔の人々が知っていた気象現象なども含まれているかもしれない。たとえば「月は全体が血のようになって」（六・一二）は月が地表近くにある時に観察される現象である。また九

日本聖書学研究所編『聖書外典偽典』第六巻・第七巻・別巻補遺二、教文館、一九七六、一九八二年、『新約聖書外典』講談社文芸文庫、一九九七年。

黙示録の著者ヨハネ
ヨハネによる福音書など、他のヨハネ文書の著者とは別人。バプテスマのヨハネをはじめ、新約聖書には多くのヨハネが出てくる。ヨハネはごくありふれた名前であった。

章にある星が落ちてくる描写は、隕石の落下を彷彿とさせる。もちろん表現には誇張があるものの、個々の現象そのものは人々の経験を踏まえている可能性がある。なおこの中で、殉教者たちの姿が現れる（六・九—一一）。しかも殉教はまだ続くことが述べられている。

一三章には有名な数字「六六六」が述べられるが、これはローマ皇帝のネロを指すという解釈が定説である。皇帝ネロを表す文字を数字に変換して合計すると「六六六」になるという*（図11）。これは一種の数字占いであり、現代でも「ユダヤ数秘学」のようなものはこれに類似している。

ローマ帝国は「バビロン」、ローマ市は「大淫婦」という形で描写される（一二、一七—一九章）。ダニエル書もバビロン捕囚時代の物語を利用していたが、ここでも「バビロン」が用いられているのは、バビロン捕囚がユダヤ人の歴史にとっていかに強烈な経験であったかをよく表していると言えるだろう。ともあれ、ローマも滅ぼされるはずであるから、今の迫害を頑張って乗り切れ、と読者を励ましているのである。

二〇章では神の最終的な勝利が語られる。そして、死と陰府が火の池に投げ込

Nero Caesar

נרון קסר

נ	=	50
ר	=	200
ו	=	6
נ	=	50
ק	=	100
ס	=	60
ר	=	200
合計		666

図11　皇帝ネロの数字

*文字と数字

古代の言語では数のための特別な文字はなく、アルファベットの「A」を「1」、「B」を「2」と割り当てていることが多い。すると、単語は数字に変換できることになる。つまり、ネロを構成する文字を数字に変換して、それを合計すると六六六になるということである。なお写本によって六一六としている場合があるが、その場合も「皇帝ネロ」の意味になる。その場合は五〇にあたるヘブライ語の文字「ヌン」が一つ減る。

まれるという。これは死の克服という人類の基本的な問題の解決である。二一章において、最初の天地は消え去り、新しい天地とエルサレムが与えられるという。これは新たな天地創造であり、「世界の更新」モチーフである。二二章ではイエスの再臨が繰り返し主張されており、これが重要なテーマであることを示している。

このように、黙示録は世界の将来を幻のように語る文書であり、一世紀末当時の迫害等の困難からの解放を願う人々の期待および励ましを述べた文書である。当時の歴史状況や価値観の枠内で語られたものであって、黙示録の記述をそのまま現在の状況に当てはめたり、将来この世界で起こるはずであると考えたりするのはふさわしくない。大規模な災害発生時などにこのような適用がしばしば見られるが、全く的外れである。しかしその文書の向こう側にあった、当時の信徒たちの苦難や願いなどに思いを向けることは、私たちの生き方にも何らかの光を与えることができるかもしれない。

なお、黙示録については、佐竹明の注解書*が出版されている。最初に出版された際（一九七八―八九年）は二巻物であったが、のちに増補されて三巻物となっている。この注解はドイツで発行されているマイヤー注解叢書にも収載されているが、ドイツ語版は四三〇頁、日本語版は合計一二〇〇頁であって、ドイツ語版は叢書のページ数制限のため、かなり簡略化されているという。つまり、日本語版の方が著者の注解の全貌を知ることができるという珍しい例である。

＊佐竹明『ヨハネの黙示録』全三巻、新教出版社、二〇〇七―二〇〇九年。増補版では旧版の「上巻」が「中巻」になっている。

第5章　新約聖書の全体的思想

「新約聖書」に統一した思想はあるのか

古来、聖書には一貫した神学思想がある、と考えられてきた。これを体系化したものが「聖書神学」（Biblical theology）である。新約聖書の統一的思想体系は「新約聖書神学」（New Testament theology）と呼ばれてきた。神学諸学の分野名も、「聖書神学」「歴史神学」「組織神学」「実践神学」と名付けられている。そこで気になるのは、「聖書学」（Biblical studies）と「聖書神学」の違いである。通例、「聖書学」は教理を前提としない客観的学問研究を指し、「聖書神学」は「キリスト教神学」という枠組みを意識したものと考えられている。「聖書学」は必ずしも「神学」ではない、という言い方ができるかもしれない。西洋近代に興った啓蒙主義*は、聖書研究にも向けられた。教会に閉じ込められていた聖書にも「光」が当てられたのである。

教会、つまり「神学」の枠組みから解き放たれた聖書学は、聖書はもともとバラバラに作られた文書をひとつにまとめたものであり（新約聖書は五〇年から一五〇年にか

啓蒙主義
Enlightenment.「光を当てる」といった意味。

けて作成された文書の集成である）、作成年代も幅広いということを明らかにした。聖書という一冊本が統一的な意図のもとに作られたものとはとても考えられない、という理解へと導いたのである。すると、逐語霊感説*のような「聖書の一字一句は神から与えられたのであるから、統一されているのは当然」という思想が「神学」に基づくことは言うまでもないが、それとは別に、学問的な観点からの「（旧）新約聖書の統一性は存在するのか」という課題が生まれてきた。

たとえば各教派の教理では、以下のように聖書には統一的な思想があることを述べている。

イエス・キリストによって啓示された神の永遠の目的を書き記した新約聖書

（日本聖公会『祈祷書』教会問答 問七）

旧新約聖書は、神の霊感によりて成り、キリストを証《あかし》し、福音《ふくいん》の真理を示し、教会の拠《よ》るべき唯一《ゆゐいつ》の正典なり。されば聖書は聖霊によりて、神につき、救ひにつきて、全き知識を我らに与ふる神の言《ことば》にして、信仰と生活との誤りなき規範なり。

（日本基督教団信仰告白より）

これらはあくまで教理によって「聖書の外から」定められたものであり、聖書に書

逐語霊感説
聖書の言葉は神の霊感によって与えられ、そのまま書かれていると考える立場。

かれているものとは言えない。こうしたあるグループの信仰内容を端的にまとめた信仰告白文のうち、最初期のものには「聖書」という文言は含まれない。ニカイア・コンスタンティノポリス信条*には「聖書にあるとおり三日目によみがえり」とあるが、この「聖書」とは「旧約聖書」である（Ｉコリ一五・四、ホセ六・二）。これらの信仰告白を前提として、新約聖書の統一性が主張されてきたのである。では、信仰告白等の信仰内容を前提としない場合に、新約聖書の思想には統一性が見出せるのであろうか。

実際のところ、「新約聖書神学」というタイトルで本にまとめることは年々難しくなっているといえる。そもそも「新約聖書には統一的な神学がある」のか、それとも「新約聖書に見られる個別の思想が集められたもの」なのか、という問題があるからである。

「新約聖書学は可能か」という問いについては、以下のような見解がある。

（Ａ）可能――「聖書」は神の霊感によって書かれたものであるから、神の統一的な意志が含まれているはずである

（Ｂ）概ね可能――現在ある聖書の中に統一的な思想（たとえば、「新約聖書」にまとめていった過去の神学者たちの思想）があるはずであり、それを探ることができる

ニカイア・コンスタンティノポリス信条　三八一年。日本聖公会『祈祷書』では「ニケヤ信経」。

(C) 部分的に可能――新約聖書全体を貫く思想を見出すのは難しいが、同じ著者ないし種類の文書ごと(共観福音書・パウロ・ヨハネ文書など)の思想を考えることは可能

(D) 難しい/不可能――個々の文書の多様性は「統一された思想」という考えを拒んでいる。むしろ多様性の中に新約思想の豊かさがある

これらの考えを踏まえて、新約聖書神学をどのように記述するかという点もさまざまに研究された。①テーマ別に考える(神論、キリスト論など)、②著者&テーマ別に考える(共観福音書・パウロ文書・ヨハネ文書など)、③個別文書ごとに考える(文書間の関係はあえて問わない)などの方法がある。

新約聖書神学を述べることの難しさには、統一性を見出すのが難しいという理由のほかに、二〇世紀以降に聖書学のみならず、人文科学のあらゆる分野の研究が拡大・深化したことがある。新約聖書神学を述べるためには各文書の理解が欠かせないが、一つの文書について十分に理解するためには、当時の経済、文化、地理について多くの知識を踏まえることが求められるようになってきたことも影響している。

それでは「新約聖書神学」はもはや不可能な試みとなってしまったのであろうか。三世紀から五世紀にかけて成立した教理、いわゆる「キリスト教神学」を前提としない読解からは、統一的な思想は見出せないのであろうか。それは必ずしも不可能なこ

とではないと思われる。同じ時代におけるある程度まとまった思想の流れは存在するであろう。しばしば言及されるのは、「新約聖書はイエス・キリストについて語っている」というものである。「イエスとは誰か」「キリストとは何か」、これらの問いは確かに新約聖書の主要テーマであると言ってよいだろう。

新約聖書神学序説

以下では、「人々がイエスに／キリスト（教）に何を期待していたか」を考えてみたい。新約聖書の背景にいる人々は、どのような状況にあり、どのような期待を抱いていたのか。それは新約聖書そのものの神学思想というよりも、当時の人々の祈りや願いを伝えるものと言えるかもしれない。それもまた、「新約聖書神学」の一つの断面と言えるのではないだろうか。

＊　＊　＊

イエス時代の状況

イエスの時代はどのような世界であったのか。前四世紀以来、パレスチナは異民族の支配下にあった。アレクサンドロス大王（マケドニア王アレクサンドロス三世。前三五六―三二三年）によって生み出されたヘレニズム帝国は、ギリシア文化を中東地域に広めることになった。マケドニアから小アジア（現トルコ）、パレスチナ、エジプトに至るまで、ギリシア語とギリシア文化に基づく世界が生み出されたのである。アレクサンドロス大王の死後はマケドニア王国・シリア王国・エジプト王国の三つに分かれ、それぞれがギリシア文化を継承した。

その後、ユダヤ人の多い地域にもギリシア文化に基づく神殿や施設が作られていった。特にシリアのアンティオコス四世（前二一五頃―一六三年）はユダヤ地方に対して圧政を行い、エルサレム神殿をゼウス神殿と見なした。旧約聖書のダニエル書はこの時代を背景としている。このような状況を踏まえて起こったシリアに対する反乱がマカバイ戦争*（前一六七―一六〇年）である。これで、エルサレム神殿の回復など、一定の勝利を得たことは、ユダヤ人たちに自信をつけることになった。「神殿奉献記念祭*」（ハヌカー）はこれを記念する祭りである。

しかしその後に中東地域の覇権はローマ帝国に移り、さらに強大な力による支配を受けることになる。ローマの宗教政策は皇帝礼拝を除いては比較的寛容であったが、徴税強化を含む経済的な面での圧迫が強化されていった。*ユダヤの人々は散発的な反乱を起こしていたが、エルサレムやカイサリア*に駐屯するローマ軍によって鎮圧されていた。ヘロデ大王*は「ローマ人の同盟者にして友」の地位を得て、その庇護の下、ユダヤ人を統治する一方で、自らをダビデとソロモンに連なる王であるとするプロパガンダを展開した。これに対する実力行使組織として、熱心党などのテロ活動を行う

マカバイ戦争
旧約聖書続編「マカバイ記」参照。

神殿奉献記念祭
ヨハ一〇・二二参照。

黙一三章参照。

カイサリア
ヘレニズム時代にパレスチナの地中海沿いに造られた町。

ヘロデ大王
前七三―前四年、在位前三七―前四年。ローマ帝国の支配下において、ユダヤ王国を治めていた。

グループも生まれていた。
　このような状況において、ユダヤ社会は宗教性をさらに強めていた。神殿貴族であり儀式を重視するサドカイ派に対して、より民衆に近い立場を標榜したファリサイ派が登場した。また自分たちを世間から隔絶させたエッセネ派*のようなグループも現われた。いずれにせよ、神が与えた律法を忠実に守ることが神に対する義務であり、それを実行できないゆえに神は異邦人支配のような罰を与えているのだ、といった論調も強まっていったのである。
　ユダヤ教指導者たちは「律法を守れない」人々を批判し（ヨハ七・四九）、これらの人々の助けにはなっていなかったのである。

エッセネ派
律法を厳格に守ることを目指したユダヤ教の一派。聖書には言及がないが、ヨセフスによる記述がある（『ユダヤ戦記』二・一一九―一六一）。

先駆者たち
　イエスは前後の関連なしに現われたのではない。イエスの前にも、似た行動を取っていた多くの人たちがいたのである。イエスに影響を大きく与えたのは洗礼者ヨハネであった。ローマ帝国のような強大な敵に対する糾弾ではなく、ユダヤ社会の中にある不正を批判し、弱者を擁護するよう主張していた（ルカ三・七―一四）。これは旧約聖書に見出される預言者の伝統でもある。洗礼者ヨハネは神の裁きが差し迫っていることを語り、人々に自分たちの行いへの反省を求め、悔い改めのしるしとしての洗礼を勧めていた（マコ一・四）。こうした活動はユダヤの人々に大きなインパクトを与えたようである。体を洗う行為そのものは、汚《けが》れを取り払うための宗教的な清めの儀式としてユダヤ教でも行われていたが、そこに「罪の赦《ゆる》し」という意味を与えたのは洗礼者ヨハネの特色と言えるだろう。イエスもまた、そこに集まった者のうちの一人であり、洗礼者ヨハネから洗礼を受けたのである。

エッセネ派のグループとされるクムラン宗団は、しばしばイエスとの関係が取りざたされるが、確定的な証拠はない。「荒れ野の誘惑」の記事（マコ一・一二―一三）は荒れ野での修業経験を反映しているのかもしれないが、想像の域を出るものではない。エッセネ派はもともとエルサレム城内で自分たちの地域を作って住んでいた。それが、ユダヤ教主流派からの迫害や、自らを修業的な環境に置くことを目指してクムラン周辺に移住したと考えられる。仮にイエスがこのグループに属することがあったとしても、人里離れたところでの修業を目指すクムラン宗団と自分の考えが異なることを悟り、イエスは人々の中に入っていった、ということなのであろう。のちのイエスの活動から振り返れば、イエスは一般の人々との交わりを重視したのではなかろうか。

イエスの活動

イエスは、洗礼者ヨハネの活動にも、前述したようなエッセネ派のあり方にも納得せず、独自の宣教活動を開始した。それは当時しばしば見られた「世直し運動」の一つであったのかもしれない。イエスの独自性は、当時蔑まれていた人々とともに歩もうとしたことであろう。イエスは徴税人、売春婦、病人など、「群衆」が眉をひそめるような人々とともに生きようとしたのである。「貧しい人々」に対する当時の一般的な認識は「金持ちの男」のエピソード（マコ一〇・一七―二二）に表れている。少年の頃から戒めはみな守ってきたと言う男は、イエスに「持っている物を売り払い、貧しい人々に施しなさい」と言われると、その男はそれができずに去っていったのである。

またイエスは律法について新しい理解を示した。一説によれば、律法は六一三項目あるとされるが、そのすべてを守ることはとてもできない。貧しい人たちほど生きることを優先させるために守れないことが多かったであろう。イエスは律法の真髄を聞かれて、「神である主を愛し」「隣人を自分のように愛しなさい」と答えた（マコ一二・二八―三二）。律法を守ることは「神を愛する」ことであるが、神を愛することは「隣人を愛する」ことにつながるものである、という考えを示している。ここでの「隣人」とは、あらゆる人のことを指していると考えられる。「神を愛している」と言いながら、隣人をないがしろにすることはありえない、というのがイエスの立場であった。そして神との近しい関係を訴えた。「アッバ」（マコ一四・三六）はアラム語で子どもが父に呼びかける表現である。律法遵守を課すような厳格な父ではなく、「お父ちゃん」と呼びかけることのできる親しみ深い父として神を捉えていたのであ

＊本書58頁参照。

る。これは同時代においては、ある意味で冒瀆とも見なされた。イエスの語る神イメージを人々は受け入れられなかったのである。

イエスが示した新しい神の姿は、人々、とりわけ貧しい人々の共感を得た。それこそが人々の望んでいた神イメージだったからであろう。そして、人々はイエスを王にしようとした（ヨハ六・一五）。イエスを神そのものと見なすのではなく、神の正義を実現する王、「メシア」と見なしたのである。メシアはユダヤ教において理想的な王、神の意志をこの地上において実現する支配者であった。それは当時伝説的な扱いを受けていた古代の偉大な王、ダビデの姿に重ねられた。「ダビデの子」は、メシアの出現を示す称号だったのである（マタ一・一）。イエスはダビデのような王にふさわしい、と人々は考えたらしい。しかしイエス自身には、王になろうとする野心はなかったようである。そこに、イエスと人々との間の隔たりが生まれたのであろう。王になろうという意志を見せないイエスに、人々はむしろ苛立ちを感じたのではないか（ヨハ一〇・二四）。同時に「イエスは王である」という人々の意見は、権力者たちの警戒心を呼び起こしたに違いない。

イエスはユダヤの支配者たちに目をつけられた。その理由は、政治的には「群衆扇動」、宗教的には「冒瀆」であった。煽動はローマ側からみると反逆につながる恐れがあり、すでにいくつもの反乱が起こっていたのであるから（使五・三六―三七）、ローマがパレスチナ支配をさらに強化する可能性につながっていた。これはヘロデ・

アンティパスを始めとするユダヤ側の権力者たちにも望ましくない事態である。当時、属国的な支配下にありながら、最高法院（サンヘドリン）による一定の自治は認められていたのであり、何か問題が起これればその自治権をも取り上げられる危険性があった。また神への冒瀆は、イエスが「神の子」と称したとされる点である。これは宗教的な問題であると同時に政治的な問題でもあった。ユダヤ教では神はひとりしかいないわけであるから、「神の子」が現われれば、それと神との関係が問われることになる。実のところ、イエスが「神の子」と自称したかどうかは判然としない。福音書にあるイエスの言葉は後代の脚色の可能性が高いからである。*しかし、イエスの言説からすると、素朴な意味で「人間はみな神の子である」と言っていた可能性はある。それが意図的なものであったかどうかは別として曲解され、「イエスは神（の子）と自称した！」という批判になったのかもしれない。また政治的には、ローマ帝国では皇帝を「神の子」とも呼んでいたため、ユダヤに別の「神の子」が現われたとなると、ローマ帝国に反旗を翻したことになる。

いずれの理由からも、当時のユダヤの支配者たちにとってイエスは問題児であった。それゆえ捕まえ、処罰する必要があったのである。処刑にまで至ったのは、おそらく偶然であったろう。「（イエスを）十字架につけろ！」（マコ一五・一三―一四）という群衆の叫びが実際にあったのかはよくわからない。しかし反体制運動の首謀者が死刑にされることは、当時のパレスチナではそれほど珍しくなかったらしい（使五・

＊マルコ一四・六一―六二では「お前は神の子、メシアなのか」と聞かれたイエスが「そうです」と答えているが、「神の子」と「メシア」のどちらか曖昧である。

三六―三七)。現在考えるよりも、死刑は頻繁に行われていたようである。イエスは十字架にかけられ、死を迎えた。そして、イエスは丁重に埋葬されたのである(マコ一五・四六)。

「空の墓」から教会の誕生へ

イエスの死後、直弟子たちは悲嘆に暮れつつも、イエスの意義を考えた。イエスの活動だけでなく、イエスがなぜ十字架上での悲惨な死を遂げなければならなかったのかについて、さまざまに思索を巡らせたのである。さらに「空《から》の墓」という知らせも届いた。墓を見に行った女性たちは、イエスの墓が空になっており、遺体がないことを見出したのである。遺体がないことの史実性は大いに問題となるが、歴史的な事実は誰にもわからない。女性たちが遺体を見出せなかったことはおそらく事実なのであろう。これらの出来事を踏まえた「エマオへの道」(ルカ二四章)の物語は、弟子たちの心理を表していると思われる。すなわち、イエスの生涯を理解する鍵を旧約聖書に求めた結果、特にイザヤ書の「苦難の僕《しもべ》」(五三章)にイエスを重ね合わせたのであった。当時は旧約聖書しかないし、かれらはユダヤ教徒であるので当然である。その時、弟子たちの心は「燃えていた」。イエスの意味を熟考した結果、弟子たちの心にはイエスが「蘇った」のである。この二人の弟子は、空の墓の報告を知りつつ、それがすなわちイエスの復活であると考えていないことに注目しよう。復活信仰は、空の墓を解釈したことにより生まれたと推測される。それほどまでにイエスの弟子たちに対する影響力や、弟子たちのイエスを慕う気持ちは大きかったのであろう。

イエスの弟子たちは、すぐに宣教活動に乗り出したわけでもないようである。仲間内での確証が得られるまで、基本的には閉じこもっていた（ルカ二四章、ヨハ二〇章、使二章）。復活したイエスは四〇日後に天に昇ったとされたが（ルカ二四章、使一章）、それはイエスが神であることの説明でも、また復活したイエスにこの地上で会うことができないことの弁明でもあったであろう。その後に、弟子たちは「霊」を受ける経験をした（ヨハ二〇章、使二章）。イエスからの力を受け取ったという実感が、伝道の始まりとなったのである。これもまた、イエスと共にありたいという弟子たちの願いだったのかもしれない。こうしてイエスの弟子たちはイエスの復活を告げ知らせる者たちとなった。ここに、新しい宗教運動としてのキリスト教が始まるのである。

図12　パレスチナの墓
（撮影 山野貴彦、一部合成）

直弟子たちはエルサレムを拠点として宣教を行った。それはおもにユダヤ教徒に対するものであった。イエスをユダヤ教的な存在である「メシア」として伝える以上、ユダヤ教を背景とする人々に語るのは当然である。しかしユダヤ人はパレスチナだけにいたのではなかった。紀元前から、商業活動などのゆえに地中海全域に活動範囲を広げていたのである（使二・九―一一）。そしてエルサレム巡礼のために定期的にパレスチナにやってきた（ヨハ一二・二〇）。最初期の教会はそれらのユダヤ人たちに宣教し、それらの人々が自分たちの住む地中海各地にイエスによる「福音」をもたらしたのである。そこに、パウロが活動する素地もつくられたと言えるだろう。パウロもまた、ゼロから宣教活動を始めたわけではないのである。

パウロの活動

エルサレムにおける直弟子たちの宣教活動とほぼ並行して、パウロによる宣教活動が行われた。パウロは回心後に、熱心に宣教活動を行った*。最初は回心の地ダマスコ（使九・一九―二二）やアラビア（現在のヨルダン地方）で宣教を行った（ガラ一・一七）が、エルサレムで使徒たちに会ったのちに、出身地であるキリキア州に戻っている（ガラ一・二一）。アンティオキアを中心とした宣教活動は当初はユダヤ人たちを対象としたものであったが（使九・二九）、異邦人たち（ユダヤ人ではない人たち）も宣教内容に関心を抱くようになったらしい。異邦人への宣教についてどう対応するか論じたエルサレム使徒会議*（五〇年頃）を経て、パウロはさらに積極的な異邦人伝道を行っていったのである。

*パウロの生涯
本書第3章参照。

*エルサレム使徒会議
本書64頁参照。

「イエスの復活」への期待

最初期のキリスト教徒は、イエスへの信仰に何を期待していたのであろうか。これには段階がある。まずイエスが語ったのは、「神の国は近づいた」（マコ一・一五）である。ここには終末への期待が見られる。「神の国」（神の支配）が到来することにより、この苦しい時代状況に転換がもたらされる、という希望である。もっともイエスの活動において重要なのは、弱い立場に置かれた人々への共感であった。その人たちにこそ神は目を向けるのであり、宗教者を自負する宗教指導者たちではない、という点である（ルカ一八・九―一四）。ここでの「救い」とは、人々が神への信頼を取り戻すことであった。「私たちは律法を守っていないから救われない」という諦めから、「神は私たちも見てくれている」という希望への転換である。ここにおいて、救いそのものに関しては従来のユダヤ教的立場とはそれほど変わらないといえる。イエスは自らもユダヤ人として、ユダヤ教の枠内で「福音」を語ったのである。

次に、最初期の弟子たちが伝えているのは「死の克服」である。最初期の宣教内容である第一コリント書一五章三―七節には、イエスの死と復活、さらに復活に関する証人のリストが挙げられている。

> 最も大切なこととして私があなたがたに伝えたのは、私も受けたものです。すなわち、キリストが、聖書に書いてあるとおり私たちの罪のために死んだこと、

葬られたこと、また、聖書に書いてあるとおり三日目に復活したこと、ケファに現れ、それから十二人に現れたことです。その後、五百人以上のきょうだいたちに同時に現れました。そのうちの何人かはすでに眠りに就きましたが、大部分は今でも生きています。次いで、キリストはヤコブに現れ、それからすべての使徒に現れ、……

（Ⅰコリ一五・三―七）

しかし、そこにイエスの公生涯に関する言及はない。弟子たちが当初語った「福音」の中核はおそらく、「イエスの復活」であったと考えられる。「死の克服」はもちろん弟子たちの「イエスの復活」体験を基礎としており、それゆえイエス自身ではなくイエスの直弟子たちに由来するものである。ただしこの段階では、復活したあとに永遠に生きることになるといった点はそれほど強調されておらず、人は死を乗り越えて復活できるということに重点があると言えるだろう。それは「永遠の生」という概念よりも、「復活」という現象について繰り返し述べられていることからもわかる。

誰もが経験せねばならない「死」を、神はイエスによって打ち破ったという主張は、多くの人を魅了したようである。もちろん古代においても「死者からの復活はない」という批判はあった（たとえば使一七章のアテネ伝道の失敗）。それでも、「死」に対する恐れがある限り、このメッセージは力を持ち続ける。そして「死の克服」はユダヤ教内に限らない問題であるがゆえに、全世界に広がる可能性を含んでいた。イエスの活動は必ずしもユダヤ教の枠を出るものではなかったが、弟子たちの伝え始めた「死の克服」という「福音」は全世界に受け入れられるものとなったのである。

復活したイエスは地上に四〇日間いた後、天に上げられたとされる（使一・三、九）。復活したのであれば、いつまでもこの地上に存在し続けてもよいように思われる。これは、復活したなら今イエスに会えないのはなぜか、という現実的な問いに対応するために弟子たちが考えたものであろう。

この時代における関心は、「いかにイエスがキリスト（メシア）であるか」ということであった。それはキリスト教的な「キリスト」というよりも、ユダヤ教的な「メシア」であると言えるだろう。最初期の信徒たちは、旧約聖書を駆使しながらイエスのキリスト性を論証することに熱心であった。

財産所有の問題

新約聖書では「富」すなわち、財産所有の問題が頻繁に扱われている。イエスの「山上の説教」の冒頭でも「貧しい人々は幸いである」（ルカ六・二〇）と挙げられているように、富に関してイエスは批判的であった。また、金持ちの男（マコ一〇・一七―二二）は、律法をすべて守っていた（！）のに財産を手放せずにイエスに従えなかった。地上における財産ではなく、天に宝を積むことをイエスは勧めている（マタ六・一九―二一）。またお金をごまかそうとしたアナニアとサフィラは罰として死んでしまう（使五・一―一一）。

そうすると、キリスト教は富を否定しているのだろうか。新約聖書における富に対する批判を丁寧に見ていくと、富そのものを絶対悪と見なしているわけでもなさそうである。たとえば、最初期の教会は信徒の家を使って礼拝を行っていた*。集会ができるような家を持っているのは当然ながら裕福な人々である。またヤコブ書では金持ちに対する批判が繰り返し表れているが、これは教会のメンバーである金持ちを指しているようである。さらに集会に関わるさまざまな物資についても、それぞれの持ち寄りもあったにせよ、裕福な人たちからの支援は大きかったであろう。最初期の教会において財産を持ち寄り、必要に応じて分け合っていたという記述（使二、四章）は、最初期の人々が理想とした状態を描いていると思われる。

最初期のキリスト教は、富に対する相反する感情を同時に抱いていたようである。つまり不正な蓄財や搾取による富は神の前に正しいものではない。しかし、現実の教会運営において財産そのものは必要であった。その半面、財産のゆえに信仰が揺らぐことも多かったようである。二世紀以降に教会の組織化が進むと、教会内での役職（監督・長老・執事）なども現れてきた。さらには「特に御言葉と教えのために労苦している長老たちは二倍の報酬*を受けるにふさわしい、と考えるべきです」（Ⅰテモ五・一七）といった発言も見られる。専門の聖職者にどのように報いるべきか、というのは二千年来続く問題のようである。

「家の教会」とも呼ばれる。フィレ二節参照。

報酬
ギリシア語原語は「尊敬」「報酬」いずれにも訳すことが可能である。聖書協会共同訳では「特に御言葉と教えのために労苦している長老たちは二倍の尊敬に値すると心得なさい」と訳されている。

世界のさまざまな宗教において、修行に専念する人々は自らの財産を放棄していった。それは財産が人間に強い影響を与えるものであることを証明している。しかし一定の財産がなければ多くの人は生きられないし、教会のような宗教組織を運営していくのも難しい。財産をめぐる醜い争いは宗教界にもしばしば見られる。富にどう向き合うかは、人間にとっての大きな問題である。だからこそ、新約聖書でも富の問題が扱われていると言えるだろう。

ユダヤ教との対立

イエスも最初の弟子たちも、ユダヤ教徒であった。そもそもイエスはユダヤ教（社会）の改革を目指したのである。弟子たちもイエスがメシアであることを論証するために旧約聖書を用いた。ペトロやパウロも神殿やシナゴーグ、つまりユダヤ人たちが集まるところで宣教活動を行っていたのである。

イエスが「メシア」であることについて、ユダヤ人たちは否定的であった。それはイエスの十字架死を「木にかけられた者は、神に呪われたもの」という律法の一文（申二一・二二―二三）から解釈したからであった。また（おそらく異邦人教会を中心に）キリスト教徒がイエスを「神の子」と呼ぶようになったことは、唯一の神ヤハウェを否定する冒瀆的な言説であると見なすことにつながった。

こうして、ユダヤ人たちの宗教コミュニティーからは追い出されるような形で（ヨ八九・二二、一二・四二）、キリスト教徒たちは自分たち独自のサークルを形成していった。それは「キリスト教」という新たなアイデンティティを生み出していくことになるのである。

「異端」との戦い

ユダヤ教との違いを自覚するようになったキリスト教に新たな問題が生じた。生まれたばかりのキリスト教にはまだ「正統的な教理」が存在しなかったため、「イエスは主である」という信仰告白は早くから成立していたが、その内実はさまざまであった。直弟子たちはイエスをユダヤ教における「メシア」と捉えたが、パウロはより広い対象の「救い主」と考えた。異邦人伝道が盛んになり、東地中海の各地で教会が建てられるようになると、多くの人々がキリスト教に関心を抱くようになった。そのなかで、イエスについて、またキリストについて、さまざまな考え方が生まれてきた。

正統派に属すると自認する人々は、自分たちと違う思想を指して「異端」と呼ぶようになった。キリスト教は最初から精緻な教理を持っていたわけではなく、徐々にさまざまな理解が積み重ねられ、最終的に公会議で「正統」が決定されるようになっていったのである。

「死者が復活する」という考えは、常識的に考えれば困難である。イエスは救い主ではあるが、イエスが死から復活したという考えは受け入れられないという人々がいたことも不思議ではない。これにパウロは強く反論している（Iコリ一五章）。パウロにとって、イエスの死と復活抜きの信仰は考えられなかったのである。ここからも、最初期のキリスト教における死と復活の重要性が見て取れる。

「死者の復活」に関連して、さまざまな主張も現われてきた。たとえば一世紀末から二世紀初頭に記された第一ヨハネ書および第二ヨハネ書には、イエスの肉体性（人性）を否定する人々が現われる。

> イエス・キリストが肉となって来られたということを公に言い表す霊は、すべて神から出たものです。このことによって、あなたがたは神の霊が分かります。（Iヨハ四・二）

> このように書くのは、人を惑わす者が大勢世に出て来たからです。彼らは、イエス・キリストが肉となって来られたことを公に言い表そうとしません。こういう者は人を惑わす者、反キリストです。（IIヨハ七）

キリストが神であるという考えを踏まえた上で、神と人間の両方が一人の人間において同居するはずはないから、地上に現われたイエスは神の仮の姿であって、本当の人間ではない（幻である）というものである（仮現《かげん》論）。またグノーシス主義*という別

* 本書78頁参照。

の思想体系がキリスト教の概念を取り込んだ。それによれば、この世を創った旧約聖書の神は悪い神（デミウルゴスと呼ばれる）であり、この世の人間を救うために真の神（ソフィア「知恵」と呼ばれる）は神の子たる救い主キリストを遣わした。個々人がその事実を知ること（グノーシス）により、悪い神の支配を脱して正しい神の世界に行ける、という物語が生まれた。世界に存在する悪の問題など、こちらの説明の方が理解しやすいこともあって、キリスト教世界に急速に拡大し、教会にとっての脅威となった。またこれは旧約聖書の神を否定するものであり、未だ「新約聖書」のような自分たちの教理を手にしていなかったキリスト教徒は旧約聖書の意義を擁護する必要に迫られたのである。

これらの新しい（異端的な）考え方が生まれてくるごとに、自らを正統派と見なす人々が反論していった。たとえばイエスは幻であるという主張には、生前および復活のイエスは真の人間であるという反論を行う*。新約聖書の記述からも、既に正統とされる思想とは異なるものが存在していることがわかる。また新約聖書とほぼ同時ないし直後の時期に記された使徒教父文書*では、異なる考えへの批判がさらに強くなされている。このように、現在のキリスト教教理はキリスト教の最初から決まった形で存在したのではなく、多数の思想の対決を通じて徐々に形成されていったのである。

教会の組織化

イエスの人性
十字架上で血を流すイエス（ヨハ一九・三四）、魚を食べる復活のイエス（ルカ二四・四一―四三）、など。

使徒教父文書
一―二世紀に記された文書群で、正典に次ぐ地位を与えられている。古い聖書写本には正典とともに納められていることもある。荒井献編『使徒教父文書』講談社、一九七四年（講談社文芸文庫、一九九八年）。

ユダヤ教や異端との戦いの過程において、教会組織が徐々に作られていく。最初期の信徒たちは集団で生活していたが、その指導は直弟子（十二弟子）による集団指導体制であった。その中でリーダーシップを取ったのはペトロと主の兄弟ヤコブであるが、この二人がすべてを決定していたわけではないだろう。パウロもまた、教会の主導権を取るというよりも、全世界への伝道活動の方に力を注いだ。終末が近いと信じていたがゆえに、継続的な組織は必要ないと考えていたのであろう。しかし、終末の遅れが明らかになり、また第一世代の信徒たちが世を去っていくと、教会のリーダーシップが曖昧になってきた。また、さまざまな思想も徐々に生まれてきて、何が正統なのかを判断する必要も出てきた。当初、教会には多くの役職があったらしいが（Iコリ一二・二八）、徐々に整理されていった。二世紀初頭には「長老」と呼ばれる職務が生まれた。長老たちの代表となる「監督」が置かれ、また長老を補佐する「執事」が生まれた。ギリシア語で、長老は複数形、監督は単数形、執事は複数形で表記されていることから、組織の形も見えてくるようであるが、新約聖書時代にはこれらの役職の上下関係は明確にされてはいない。

ともあれ、組織化によって、教会は生き延びることが可能となった。終末が来るまでの一時的存在でありつつ、現実の社会において「神の国」を実現しようとする団体となったのである。

イエスの神格化の進行

「イエスとは誰か」という理解は、時代に応じてさまざまに変化していった。イエスの直弟子たちがイエスをどのように理解したかは、現在の資料からはそれほど明らかではない。福音書の記述は一世紀後半における思想を踏まえたものであり、特にキリスト論*においては、生前のイエスを捉えたものとは考え難い部分が多々存在するからである。少なくとも、イエスの生前において弟子たちは「イスラエルのために国を建て直してくださる」(使一・六) 存在と考えていたようである。つまりユダヤ教における「メシア」(神の意志を実行する公正な指導者) と理解していたと思われる。エルサレム入城の場面の描写やイエスの裁判や「ユダヤ人の王」という罪状書きからも、人々や支配層側にそのような理解があったことがうかがえる。また律法理解を刷新する「優れたラビ」という見方もあっただろう。いずれにしても、ユダヤ教的な理解の枠を超える存在ではなかったと考えられる。それは「ダビデの子」という称号が広く用いられていたことにも表れている。ダビデはあくまでユダヤ人にとっての象徴的存在だからである。

イエスの「復活」後、イエスはユダヤ教的なメシアを超える存在と考えられるようになっていった。「キリスト」はもともとヘブライ語「メシア」のギリシア語訳であったが、訳語である「キリスト」が単独で独自の意味を獲得していくのである。最初期には「イエスは主である」「イエスは救い主である」のようにユダヤ教的概念と

キリスト論
キリストとはどのような存在かを論じるもの。本書134頁参照。

の区別はそれほどなかったが、ヘレニズム世界の「神の子」概念*とも結び付けられることにより、イエスと神との神的なつながりが主張されるようになっていく。イエス自身が神のことを「父（アッバ）」と呼んでいたことを踏まえて、イエスは「子」であると見なされるようになった。さらに「キリスト」は、歴史的なイエスの姿を超えて、神的な存在と見なされるようになる。パウロはキリストを神と呼んでいるが（ロマ九・五）、歴史的な存在としてのイエスはそれほど意識していないようである。

一世紀後半になると、イエス自身は「神の子」であるだけでなく、神そのものであるという見解が広まる。ヨハネ福音書の記述はこの頃の思想を背景としている。

初めに言があった。言は神と共にあった。言は神であった。（ヨハ一・一）

いまだかつて、神を見た者はいない。父のふところにいる独り子である神、この方が神を示されたのである。（ヨハ一・一八）

これはキリスト教がユダヤ教から離れていったことも意味する。ユダヤ教にとっては、イエスを神と見なすことは冒瀆にあたるからである。ただし、イエスと神との関係はそれほど明確に述べられているわけではない。たとえばヨハネ福音書において、福音書の著者はイエスを神と見なしているが（ヨハ一・一、一八）、イエス自身の発言

＊ヘレニズム世界の「神の子」概念　多神教世界においては、王や皇帝が「神の子」と呼ばれていた。

によれば、イエスはあくまで「父」から派遣された者である。

わたしは自分では何もできない。ただ、父から聞くままに裁く。わたしの裁きは正しい。わたしは自分の意志ではなく、わたしをお遣わしになった方の御心を行おうとするからである。

（ヨハ五・三〇）

なぜなら、わたしは自分勝手に語ったのではなく、わたしをお遣わしになった父が、わたしの言うべきこと、語るべきことをお命じになったからである。

（ヨハ一二・四九）

こうして「父なる神」と「子なるキリスト」という二つの存在が「神」と見なされるようになっていく。

キリストが「神」であれば、当然「父なる神」との関係が問題となる。ユダヤ教の伝統である一神教思想そのものはキリスト教にも受け継がれているため、二つの神とすることはできない。ユダヤ教の神の基本概念の一つは「創造神」であるが、キリストはこの世界が創られる前から存在し、世界の創造にも関わっていた、という思想はここから生まれてくる。

御子は、見えない神の姿であり、すべてのものが造られる前に生まれた方です。天にあるものも地にあるものも、見えるものも見えないものも、王座も主権も、支配も権威も、万物は御子において造られたからです。つまり、万物は御子によって、御子のために造られました。

（コロ一・一五―一六）

この終わりの時代には、御子によってわたしたちに語られました。神は、この御子を万物の相続者と定め、また、御子によって世界を創造されました。

（ヘブ一・二）

これは歴史的存在としてのイエスではありえない。以上のように、「キリスト」が独自の神格化を遂げていく過程を、新約聖書文書からたどることができるのである。

さらに、「霊」という考え方が生まれてきた。これはイエスとつながりのあるものと理解されていたが、その起源には、復活のイエスから直接与えられたとする物語（ヨハ二〇・二二）と、天から降ってきたものとする物語（使二・一―四）の二種類がある。「神の霊」といった存在は旧約聖書にも語られているが、新約聖書においてもまだ曖昧さを残している。ヨハネ福音書では、霊によって弟子たちは正しい判断ができるとされている（ヨハ一六・一三）。使徒言行録には、「イエスの霊」（一六・七）が弟子たちの宣教をコントロールするという記述がみられ、昇天したイエスに代わって弟子たち（教会）を導く存在と考えられていたと思われる。それはイエスの再臨までの間のことであろう。

このように三位一体論における三つの位格（ペルソナ）である「父」「子」「聖霊」の概念の原型そのものは新約聖書にも表れているが、それら相互の関係は明確になっていない。それゆえ、教父時代になって公会議でそれらが議論の対象となっていく。

イエスの「復活」と「昇天」に関連して、天にいるイエスは再びこの地上にやってくる、という「再臨信仰」につながった。イエスも「エリヤだ」と言われている（マコ六・五、八・二八など）。またリーダーを失った弟子たちが、復活したイエスにまた会いたいと願ったこともあるだろう。

しかし、再臨はなかなか実現しない。これに対し、外部からの批判（Ⅱペト三・四）があり、また内部の信徒たちの動揺もあった。一般に、予告していたことが起こらないという事態は人々の信頼を著しく低下させることになる。つまり生まれたばかりの教会にとって、イエスの再臨がいつ起こるのかというのは最大の課題であったと言ってよいであろう。それゆえ、再臨の遅れにいかに対応するか、教会指導者たちは頭を悩ませたのである。

終末の到来が遅れることによって、新たな問題が発生した。それは「イエス以前に死んだ人々は救われるのか」（Ⅰテサ四章）というものである。これはイエスが歴史的な存在であるがゆえに起こる問題でもあった。つまり、イエスは歴史上のある時期に確固として存在していたのだから、その前に存在した人々はイエスの福音を聞くことが不可能である、ということになる。それに答えを与えているのが第一ペトロ書三章である。そこではノアを引き合いに出す。ノアの時代の人々は、たしかにイエス以前に違いない。では、ノアの時代に（神を）信じないで（溺れ）死んだ人たちは救われないのか。それに対する答えは、イエスが死んで陰府に下った時に、陰府に住む未信者にも宣教したから、そこでイエスを信じるチャンスがあった、というものである。

この再臨遅延に対する一つの答えとして「現在終末論」あるいは「実現しつつある終末論」というものがある。これはヨハネ福音書に顕著にみられる思想で、「御子を信じる者は裁かれない。信じない者は既に裁かれている」と見なす（三・一八）。イエスの再臨がいつ起こるか定かではないが、自分がイエスを信じているか否かは、はっきりしている。それにより、天国に入れるか否か、終末時の結果が決まっているということになる。こうすれば、イエスの再臨がいつ起こるかということから切り離して、信仰を考えることができるのである。

また別の答えに、「一日千年論」とでも呼ぶべきものがある。これは「神の時間と人間の時間は異なる」という主張である。第二ペトロ書によれば、神の一日は人間の千年に当たるのであり、イエスの時代から（人間の時間では）まだ一〇〇年程度しか経っていないのだから、イエスは決して再臨を忘れているわけではないのだ、という（三・八）。ただし神の時間で何日経てば終末が訪れるのか、ということは述べられていない。「千年」は具体的な年数ではなく「長い時間」という程度の意味であろうが、であればなおさら、事実上「終末はいつまで経っても来ない」という考えを受け入れていることになるであろう。

さらに、同じ第二ペトロ書では、「神はすべての人が悔い改めるまで終末を待っている」という考えも述べられている（三・九）。それだけ神は寛大な方である、ということも主張しているわけであるが、人間が日々生まれてくる以上、これは無理な注文でもある。これもまた、実質的に「終末は来ない」という考えの表れと言える。

ともあれ、一世紀末から二世紀にかけて、「終末遅延」の問題に頭を悩ませた教会の苦悩が新約聖書にも記録されているのである。なお、終末遅延と関連した課題も生じてきた。一つには、終末までの時間をいかに生きるか、ということがある。ローマ社会の中でキリスト教徒がいかに生きていくかという問いに対して、既存社会と調和するようにふるまおう、という姿勢も生まれてきた。それは「家庭訓」と呼ばれる倫理となった（コロ三・一八―四・一、エフェ五・二一―六・九）。そこではローマ社会のあり方を踏まえつつ、キリスト教的な意味を加えていくという姿勢が見られる。それによって迫害がなくなったわけではないが、迫害を避けることで終末まで教会が生き延びようとする努力を見出すことはできるであろう。

新約時代における「終末」への期待は、現代の私たちが考えるよりも大きかった。期待が大きければ、それが実現しない時に生まれる失望もより大きいものとなる。初代教会は「終末」への期待を失うことなく、危機の時代を乗り切ったのである。

多様に解釈された「イエス」

のちに「新約聖書」となる文書群は、まずパウロの手紙の収集から始まったと考えられる。直弟子たちは直接文書を記すことがおそらくできなかったであろう。パウロは口述筆記ではあったが、自身の教養のゆえに多数の手紙を記すことができた。その後に福音書が記される。二世紀に入ると、パウロ書簡や福音書は「主の言葉」「使徒の手紙」などと呼ばれ、旧約聖書と同じ扱いを受けるようになっていく。旧約ではない「自分たちの文書」という意識は、人々のアイデンティティを確立する上でも大きな役割を果たしたことであろう。

新約聖書の二七文書が確定するのは三九七年のカルタゴ教会会議*である。そこにはイエスの生涯を記した福音書、使徒の働きを述べた使徒言行録、パウロの手紙、使徒たちの手紙（公同書簡）、そしてヨハネ黙示録が含まれていた。二七文書はイエスおよび使徒たちが活躍する文書群である。当然ながら、使徒以外の人たちもさまざまにキリスト教を担っていた。「新約聖書」が確定することによって、教理もそれを踏まえて作られていくことになる。まさに新しい「聖書」の誕生と言えるだろう。キリスト教はついに、自分たち独自の本を手にしたのである。

新約聖書に統一した思想があるか否かは、どのようなレベルで見るかにもよって答

*カルタゴ教会会議
本書20頁参照。

えが異なる。「イエスに関する思想を述べている、という点ではもちろん統一性がある。しかし、イエスをどう捉えるかという点で統一性は、ほぼ見られないと言えるだろう。もしかしたら、「解釈された多様なイエス」という、多様な中に統一がある、と表現できるかもしれない。

神話化の進行

二世紀になってキリスト教が各地に広がっていくと、イエスや使徒たちに関する神話的物語が数多く記されるようになった。そこには使徒たちの名を冠した福音書や行伝が含まれる。その内容は荒唐無稽なものが多く、イエスや使徒たちに関する史実の記述とはとても考えられない。特にイエスについては神としての存在が強調されるようになっていき、神のような振る舞いが描かれるようになる。

ただし、荒唐無稽であるゆえに価値が減じられるわけではない。もちろん「史的な姿」を表していることはないが、文書当時に人々がどのような期待を抱いていたかということを理解するために貴重な資料となるであろう。どういう点に意識を向けていたかを知ることを通じて、多様な理解があったことを知ることができる。その意味で貴重な文書群であるといえよう。

新約聖書後の時代は、現在まで続く「キリスト教」の形成にとっては重要な時代である。それは新約外典や使徒教父の時代と言ってもよい。これらの文書は、いわゆる正典とはあまりにかけ離れた神話的内容であるが、あるいはその名前が「使徒」由来ではないがゆえに、新約聖書には含まれることがなかった。しかし、「キリスト教」の形成過程における証言として非常に貴重な文書群*である。

詳しくは本書198頁以下参照。

教会における伝統の成立

「教会」の組織化に伴い、教会内で行うべき儀式について伝統が形成されていった。たとえば洗礼の方法として、体全体を水の中に沈める「浸礼《しんれい》」と、頭にしずくを振りかける「滴礼《てきれい》」がある。後者は新約聖書そのものにそのような記述はないが、使徒教父文書のひとつである「ディダケー*」に述べられている。また洗礼準備教育などについても説明がなされる。教会の運営について具体的な事項は、正典化以後の文書に記載されていくことになる。そしてそれらがまた「教会の伝統」として引き継がれていくことになる。そして体系化されていき、のちの教理化につながっていくのである。

ディダケー
「十二使徒の教訓」とも呼ばれる。『使徒教父文書』講談社文芸文庫、一九九八年所収。

＊　＊　＊

以上の流れは、あくまで本書著者の提案である。これを叩き台として、読者もご自身の「新約聖書神学」を考えてみてほしい。

第6章 「イエス」から「キリスト」へ

「イエス」はいつ「キリスト」になったのか

「キリストとは何者なのか」を扱う議論を「キリスト論」（Christology）と呼ぶ。これはもちろん、キリスト教にとって最重要の議論である。最初期のキリスト教においては、イエスはどのようにしてキリストとして理解され、受け入れられたのか。実際、初期の公会議における主要なテーマはキリスト論であった。公会議で「三位一体」の教理なども定められていったのである。逆に言えば、さまざまなキリスト論が存在していたからこそ、議論して統一していく必要があったことになる。

キリスト論論争の発端は、すでに新約聖書の中にも見出せる。そもそも「キリスト」とは何か。これは称号であり、ヘブライ語「メシア*」のギリシア語訳として用いられる語である。新約聖書で「キリスト」という語が用いられ、ギリシア語訳旧約聖書（七十人訳聖書）では、祭司や王にも「キリスト」という同じ語が用いられている。ちなみに邦訳の新共同訳聖書では、イエスがそもそもユダヤ教的な意味で「メシア」

メシア

「油注がれた者」、つまり「神が与えた働きのために聖別された者」の意味。ユダヤ教では、神の意志をこの地上で実現し、正しい支配を行う人間と見なされた。上記の他に、マタ二・四など多数。新改訳聖書では「キリスト」と訳出。

と理解されていたことがわかわるように、「メシア」と訳された。

シモン・ペテロが答えて言った、「あなたこそ、生ける神の子キリストです」。

（口語訳、マタ一六・一六）

シモン・ペトロが、「あなたはメシア、生ける神の子です」と答えた。

（新共同訳、マタ一六・一六）

最初期におけるイエス理解は、「イエスは主である」という短い表現であった（Iコリ一二・三）。ここでの「主」とはギリシア語キュリオス（κύριος）であるが、これは単なる「ご主人」というような意味ではない。キュリオスは七十人訳で「神」を意味する語として頻繁に用いられている。つまり「イエスは主である」とは、「イエスは神である」という信仰告白となっている。ただしここでの「神」とは、あくまでユダヤ教の枠内における「神」である。その後、「主イエス・キリスト」という表現が現われる（たとえばロマ一・四）。これを直訳すれば「神であり救い主であるイエス」といった意味になる。先述のように、ユダヤ教の理解ではメシアは人間であるから、神でありメシアである、ということは成り立たない。このような事情によって「キリスト」はキリスト教固有の用いられ方をするようになってきたようである。

福音書にもさまざまなキリスト論的称号が見られる。たとえば「ダビデの子」という称号がある（マコ一〇・四七―四八と並行箇所、マタ一・一）。当然ながら、これは「ダビデ」が何者かを知らない人々には意味をなさない称号である。ダビデというユダヤ人にとって最重要人物の一人、またその子孫から正しい指導者が生まれるという思想があったからこそ（たとえばイザ一一章）、これはユダヤ人に対するアピールとなるのである。ちなみに、ヨハネ福音書で「ダビデ」という語は七章四二節にしか現われない。ヨハネ福音書の対象としている読者には、「ダビデの子」では効果がないということであろう（「モーセ」は一三回用いられる）。また「神の子」という称号もしばしば用いられている。これは「神」自身と同一か否かについて曖昧なところも残されている。それに対して「人の子」という称号もあり、この表現が用いられる際の意味は明確ではないが、人間一般を指すようである。

一世紀中頃まではまだイエスを人間と見なす見方が中心的であるが、一世紀末になるとイエスの神格化が進んでいく。イエスの神格化というよりも、「キリストの神格化」というほうが正しいかもしれない。つまり、歴史的存在としてのイエスよりも、概念化されたキリストについての考察が深まっていくのである。初期の例として五〇年代に書かれたフィリピ書の「キリスト賛歌」が挙げられる。

キリストは、神の身分でありながら、神と等しい者であることに固執しようとは思わず、かえって自分を無にして、僕《しもべ》の身分になり、人間と同じ者になられました。人間の姿で現れ、へりくだって、死に至るまで、それも十字架の死に至るまで従順でした。このため、神はキリストを高く上げ、あらゆる名にまさる名をお与えになりました。こうして、天上のもの、地上のもの、地下のものがすべて、イエスの御名にひざまずき、すべての舌が、「イエス・キリストは主である」と公に宣べて、父である神をたたえるのです。

（フィリ二・六―一一）

キリスト（イエスではなく）が「神の身分」であることが述べられ、それにもかかわらず「僕《しもべ》の身分になり」と述べられる。この部分はパウロの思想というより、最初期のキリスト教において作られた賛美歌を取り入れたものと考えられており、早くからキリストの神格化が見られたことの証拠となる。また九〇年頃に成立したヨハネ福音書冒頭のロゴス賛歌も、キリストの神格化の例である。一世紀末に成立したコロサイ書では「御子」が「見えない神の姿」であり、「すべてのものが造られる前に生まれた方」であるとして、キリストの先在《せんざい》が主張されている（コロ一・一四―二〇）。これらにおいては、歴史的なイエスよりも神格化されたキリストが重んじられている。

　二世紀に入ると、正統的とされる理解とは異なる理解も生まれてきた。イエスの肉体性（人性）を否定したり、旧約聖書の神を否定的に捉えたりするものなどが見られた*。たとえばニカイア公会議（三二五年）の大きな課題は、アレイオス*のキリスト論の扱いであった。アレイオスは「キリストは他の被造物に先立って無から創造された

本書121頁参照。

アレイオス　二五〇／二五六―三三六年。アレクサンドリアの司祭。キリストの人性を重視する彼の思想はアレイオス主義と呼ばれた。

方であり、神と異なり始めを有し、生まれる前には存在しなかった」ということから、「神の本質も永遠性も持たない存在であり、また全き意味では神でも人間でもない」として、キリストを「半神半人的」な存在ともに捉えられるような解釈を展開したのである。* この理解は当時の主流であったロゴス・キリスト論*よりもある意味わかりやすいものとして、広く受け入れられるようになっていた。ニカイア公会議ではアレイオスを追放することで、主流の教理を守ったのである。

その後、コンスタンティノポリス公会議（三八一年）では聖霊の神性を強調した「ニカイア・コンスタンティノポリス信条」が制定され、エフェソ公会議（四三一年）ではキリストにおける神性と人性が実態としても一つであることを宣言した。カルケドン公会議（四五一年）では神性と人性は分割できず、かつキリストの中に併存しているという理解を「カルケドン信条」として示した。ここにおいてキリスト論に関する論争は終わりを迎えた。イエスの時代から実に四〇〇年を経て、正統教理が確立したのである。

イエスの「再臨」とは何か

イエスの「再臨」という期待とは、どのようなものであったのか。イエスの再臨を明確に述べている聖書箇所はいくつかある。

菊地榮三・菊地伸二『キリスト教史』教文館、二〇〇五年、一四〇頁参照。

ロゴス・キリスト論
ヨハネ福音書一・一に基づく、キリストはロゴス＝言（ことば）であるとする理解。

①パウロによる証言として

すなわち、合図の号令がかかり、大天使の声が聞こえて、神のラッパが鳴り響くと、主御自身が天から降って来られます。すると、キリストに結ばれて死んだ人たちが、まず最初に復活し、……

（一テサ四・一六）

②天使の言葉として

イエスが昇って行かれるとき、彼らは天を見つめていた。すると、白い衣を着た二人の人がそばに立って、言った。「ガリラヤの人たち、なぜ天を見上げて立っているのか。あなたがたから離れて天に上げられたイエスは、天に行かれるのをあなたがたが見たのと同じ有様で、またおいでになる」。（使一・一〇―一一）

③イエス自身の発言として

行ってあなたがたのために場所を用意したら、戻って来て、あなたがたをわたしのもとに迎える。こうして、わたしのいる所に、あなたがたもいることになる。

（ヨハ一四・三）

その他、福音書におけるイエスの発言にも再臨の場面とされるものがあるが、それらは「人の子」の再臨とされている。

そのとき、人の子が大いなる力と栄光を帯びて雲に乗って来るのを、人々は見る。（マコ一三・二六）

引用のマルコ福音書一三章に見られる記述は世界の終末に起こることの一環として語られているが、第一テサロニケ書・使徒言行録・ヨハネ福音書についてはそのような要素は付加されていない。この世界の終わりに対する期待は神による裁きと結合され、「人の子」が裁きを行う存在として描かれている。また黙示録では再臨する「キリスト」が騎士の姿で描かれるが（一九章）、これも同じような裁き手としてのイメージである。キリストが悪い者を退治する、というイメージはキリスト教思想の本質とは言えず、後代に被った迫害に対する報復感情に由来するものであろう（Ⅱテサ一・八）。

そもそも「再臨」に対する信仰はなぜ生まれたのであろうか。ここではキリスト教教理から離れた説明を試みてみよう。イエスの十字架上の死は、弟子たちにとって大きな衝撃であった。イスラエルのメシアとして、イエスが（ダビデのような）優れた王、支配者となることを期待していた弟子たちは、イエスの惨たらしい死に直面し、自分たちも捕まらないように隠れつつも、イエスの死の意味を探った（それが使一・六に表れている）。そこに「イエスの墓が空である」という情報がもたらされた。弟子たちがイエスの遺体を持ち出したという説明もありうるが、少なくともこの弟子たちではないだろう。弟子たちの描写からは、そのような周到な計画性を見出すことは難しいと思われる。この報に接し、弟子たちは「イエスが復活して墓から出て行った」と考えたのである。こうして復活のイエスと弟子たちとの交流を描く「顕現物語」が生み出された。

しかしイエスが復活したとなると新たな問題が生まれる。それは、復活したイエスに会いたいという人々が出てくることである。それはイエスの弟子たちだけでなく、イエスの敵対者も同様であったはずである。「復活したというならイエスに会わせろ」と要求するであろう。その対応として、「イエスは天に上げられた」という物語が生まれた（ルカ二四・五一、使一・九）。天にいるイエスには、もはや直接会うことはできないのである。この物語によって、教会指導者たちはイエスに会わせろという要求を退けることには成功した。しかし、リーダーとしてのイエスを失っていることは弟子たちにとっての大きな痛手である。自分たちを導いてくれるイエスがそばにいてほしい、そのような願いを、「霊」による導きとして実現させた（使二・一―四）。それはイエスが約束したものであったとされている（ルカ二四・四九、ヨハ一四・一五―一七）。イエス直々に派遣した霊*によって、地上の共同体（教会）は今もイエスの指導のもとにあるのである。

さて、このような復活から聖霊降臨にかけての物語の中で、「再臨」はどのように位置付けられるのであろうか。再臨に関する記述として最も古いのは、五〇年頃に

*イエスが派遣した霊 まさに「イエスの霊」と呼ばれることもある。使一六・七など。本書127頁参照。

成立した第一テサロニケ書であるが、それは「死んだ人たちが、まず最初に復活し、それから、わたしたち生き残っている者〔信仰者たち〕が、空中で主と出会うために、彼らと一緒に雲に包まれて引き上げられ」「いつまでも主と共にいる」ことになる（四・一六―一七）という内容である。いわば「イエスが人々を天国に連れていく」ということである。同様のことはヨハネ福音書でも述べられており、イエスが父の家に弟子たちのための部屋を用意しているという（一四章）。この二つの記述は再臨の目的を示している。信仰者がイエスと共に暮らすために、イエスが呼びに来るのである。信仰者たちは最終的にはこの地上に暮らし続けるのではなく、イエスのもとに引き上げられると考えられていたことになる。これは、この地上において正しい支配が行われるというユダヤ教的な考え方とは異なり、自分たちは別の領域に移行するという発想である。いわば、イエスが牧者である牧場に住むようなものであろう（ヨハ一〇章）。イエスと共にいたいという願いが、このような信仰の形を生み出したのではなかろうか。

なお使徒言行録一章における天使の言葉では、イエスの再臨については言及されるものの、その目的については記されていない。他には、「イエス・キリストが現われるときに与えられる恵み」（Ⅰペト一・一三）、「栄冠を受ける」（Ⅰペト五・四）というような曖昧な表現であったり、単に定められた時に現われるとだけ述べる部分もある（Ⅰテモ六・一五）。また先に触れた終末時の再臨という図式においてもイエスは人々を助けに来るが、前段で述べたような状況とはかなり異なっている。

パウロが自分の存命中に起こると考えていた再臨（Iテサ四・一五）は二〇〇〇年を過ぎた現代に至っても実現していない。では、再臨信仰はもはや無用なものであろうか。

日本聖公会の『祈祷書』に収録されたニケヤ信経には、「主は……また、生きている人と死んだ人を審くため、栄光のうちに再び来られます」と記述されている。ここでは再臨の目的が「裁き」であるとされている。つまり最後の審判に関する教理が前提となっている。これはすでに見たように、終末の到来と結びついた再臨の例である。再臨が「裁き」の到来をもたらすとなると、「恐ろしいこと」のようにも捉えられる。しかしながら、再臨信仰の原点は「イエスといつまでも一緒にいる」ということであり、その時が早く来るよう願い求めることである。それはメシアによる正しい支配が行われるという、伝統的なユダヤ教信仰の流れにも沿ったものと見なせるかもしれない。また、「主の祈り」にある「御国が来ますように」という言葉の、別の表現とも言えるだろう。そのような視点から再臨を捉えれば、決して空想的なものではなく、逆にイエスが語ったメッセージの本質的な部分であると言えるのではないだろうか。

第7章　聖書の記述の特徴

なぜ各福音書に表現の違いがあるのか

なぜ福音書には同じ記事について異なる記述がなされるのか。どれが正しいのかと思う読者は多いだろう。歴史的に起こった事実は一つしかない。イエスがそれを言ったか否か、行ったか否か、どちらかでしかない。しかし事実に対する「解釈」は多数存在する。聖書に書かれている内容に違いがあるということは、「事実」はたしかに存在するが、その捉え方に人それぞれ違いがあることを示している。例として、芥川龍之介の短編小説『藪の中』* を挙げよう。これは、藪の中から発見された死体について、複数の関与者がそれぞれに証言するというものである。登場人物により捉え方が違うことから証言も食い違う様子を描き、「事実とは何か」を問いかけている（事件の真相は描かれず、真実は「藪の中」である）。

ルカ福音書には興味深い記述がある。

『藪の中』映画化作品『羅生門』一九二二年。

わたしたちの間で実現した事柄について、最初から目撃して御言葉のために働いた人々がわたしたちに伝えたとおりに、物語を書き連ねようと、多くの人々が既に手を着けています。そこで、敬愛するテオフィロさま、わたしもすべての事を初めから詳しく調べていますので、順序正しく書いてあなたに献呈するのがよいと思いました。

（ルカ一・一―三）

ルカはここで何を言おうとしているのか。すでに福音書的なもの（おそらくマルコ福音書）は存在している。しかしルカは自分が「順序正しく書」くと述べる。つまりルカから見れば、マルコ福音書の記述は必ずしも「正しくない」のであり、ルカの考えるところの「正しい」記述をしようとしているのである。

実際、現代の私たちはマルコ福音書より古い福音書を手にしてはいない。つまり、マルコ福音書の記述が正しいかどうかを検証するすべを私たちは持っていないのである。マルコ福音書が七〇年頃に執筆されたとする通説によれば、三〇年頃のイエスの死から四〇年を経過している。昔の人の記憶力は現代の私たちより優れていたとしても、これは決して短い時間ではない。文書化されていない期間であることも相まって、その間に口頭伝承はさまざまな影響を受ける。この時期はまだ「ひとつのキリスト教思想」が存在したわけではなく、イエスに関する各種の考えが巷に存在していたのである。マルコの受け取った伝承が、それらの影響を受けていないとは言い難い。

つまり、私たちは原初のイエス伝承を知ることができない。

イエスの「本当の姿」を知ることはできるのであろうか。私たちが現在知っているのは、キリスト教というフィルターを通った後のイエスの姿である。それ以前の姿はもはや失われている。タイムマシンでも使わない限りは、イエスの「本当の姿」を知ることはできないのである。英国のＢＢＣ放送は、二〇〇一年に放映した番組の中で、法医学に基づいてコンピュータで復元した「イエスの顔」の画像を発表した*。そのイエスは、典型的なアラブ人の姿といえる。しかし、西洋的＝白人のイエスというイメージに浸っていたキリスト教徒にとっては、かなりの衝撃であったようである。しかし、常識的に考えれば、中東に生まれ育ったイエスが白人のはずは（まず）ない。私たちはあまりにもキリスト教が後代に作り出したイメージに囚われているのである。

時折、新約聖書はイエスが記したと誤解している方がいる。私たちが手にしているのは別の著者たちによる記録、しかもイエスの死後四〇年ほどを経た記録である。こうした福音書に基づいてイエス自身の姿を再建することは難しいが、イエスを信じる人たちについての理解を深めるためにはたいへん役に立つ史料なのである。

そもそも、福音書はなぜ記されたのか。それぞれの著者は、個人的な記録として書いたのではない。読者を想定しつつ、書いているのである。そこには著者たちの思いが込められている。読者の必要に応じて、内容が取捨選択されている。だからこそ、

*“BBC Jesus face”で検索すると画像が見つかる。

それぞれの福音書の内容には違いが存在するのである。

たとえばマタイ福音書は、ユダヤ人を意識して書かれている。おそらくマタイ福音書の背景にある共同体は、ユダヤ教と密接な繋がりがあったのだろう。それゆえ、マタイにおけるイエスは律法の必要性を強調する（マタ五・一七―二〇）。この記述は後代に中心的となったキリスト教教理には合致しない。教理は律法を不要とする視点から組み立てられているからである。しかし、ユダヤ教からキリスト教共同体に入ってきた人々にとって、律法は重要なものであったはずである。それを一気に否定することは困難であった。そのような需要に応えて、マタイ福音書の著者は律法を重視しているのである。ただし、律法を実践するはずの人々、ファリサイ派・律法学者に対する批判は手厳しい（マタ二三章）。これは、律法の本来の意義を担っているのは自分たちキリスト教徒である、という自意識によるものである。

それぞれの福音書の著者は、自分たちの共同体に対する必要性を踏まえて、自分の福音書を執筆した。これが、各福音書の記述が異なっている理由である。以下、具体的な違いの例をいくつか見てみよう。

五千人への供食の場面で、弟子たちが持っていたパンを提供したとするのは共観福音書であり（マコ六章と並行箇所）、子どもたちが持っていたとするのはヨハネ福音書である。

イエスは言われた。「パンは幾つあるのか。見て来なさい」。弟子たちは確かめて来て、言った。「五つあります。それに魚が二匹です」。（マコ六・三八）

イエスは言われた。「行かせることはない。あなたがたが彼らに食べる物を与えなさい」。弟子たちは言った。「ここにはパン五つと魚二匹しかありません」。（マタ一四・一六―一七）

しかし、イエスは言われた。「あなたがたが彼らに食べ物を与えなさい」。彼らは言った。「わたしたちにはパン五つと魚二匹しかありません、このすべての人々のために、わたしたちが食べ物を買いに行かないかぎり」。（ルカ九・一三）

イエスは目を上げ、大勢の群衆が御自分の方へ来るのを見て、フィリポに、「この人たちに食べさせるには、どこでパンを買えばよいだろうか」と言われたが、こう言ったのはフィリポを試みるためであって、御自分では何をしようとしているか知っておられたのである。フィリポは、「めいめいが少しずつ食べるためにも、二百デナリオン分のパンでは足りないでしょう」と答えた。弟子の一人で、シモン・ペトロの兄弟アンデレが、イエスに言った。「ここに大麦のパン五つと魚二匹とを持っている少年がいます。けれども、こんなに大勢の人では、何の役にも立たないでしょう」。
（ヨハ六・五―九）

ここではどのような説明が可能であろうか。共観福音書に見られる、弟子たちが自分たちの持っていたパンを分けるというのはある意味自然である。イエスの身近にいた人たちが、人々にパンを分けるという記述だからである。ヨハネ福音書のように、子どもたちが持っていたとすればどうだろうか。ひとつには、弟子たちはパンを持っていなかった、つまり弟子たちの無能さを強調する意図が考えられる。あるいは、弟子たちはイエスに無一物で従っていたという、イエスへの信頼を示していると解釈もできる。子どもたちからパンを分けてもらうという記述は、「社会的に小さな存在」が多数の人々を満足させた、という（金持ちこそが人々に施すのだという）常識を覆すような出来事であったということを伝えようとするものだと解釈することができる。

私たちは歴史的なイエスの姿を知る資料を手にしていないとはいえ、手がかりは残されている。それらの手がかりを通じて、イエスの姿を垣間見ることは決して不可能ではない。ただし、そうして見出された姿が、イエスを探求する者の期待と合致するとは限らない、という覚悟は必要である。

「福音書記者」の発見

福音書は誰が書いたのか。学問的には、確実なことはわからない。「マルコ」「マタイ」などの名前は、伝説的な名称である。そもそもどの福音書においても、その本文中に著者の名前は明らかにされていない。ただし、これらの名称はかなり早い段階で付けられたと考えられる。それは例えば、「公同書簡*」がすべて使徒の名前であるのに対し、福音書では「マルコ」「ルカ」といった、使徒との関係が示唆されつつも、使徒ではない人物の名前が用いられていることからもうかがえる。

「福音書の著者」を意味する「福音書記者」(evangelist)という言葉は古くから用いられていた。たとえば二世紀初頭の使徒教父文書*である「パピアス断片」(三・五)には、マルコ・マタイ・ヨハネの名が福音書記者として言及されている。*また、マルコについて以下のような記述がある。

……マルコはペテロの解説者(または通訳)であって、主によって言われ、あるいは実行されたことを、記憶した限り、順序立ててではないが(ルカ一・一)、正確に記した。つまり彼は主から(直接)聞いたり、彼につき従ったりはしなかったが、後に、……、ペテロにつき従った(使一二・一二、Iペト五・一三)。……そしてマルコは若干の事柄を記憶に基づいて記すに際して、何らの誤りを犯さなかった。というのは、彼は、聞いたことは何一つ取り残さず、またそれらに関して何らかの変造を行わないという一点に注意を払ったからである。

(パピアス断片二・一五)

公同書簡
本書15頁、88頁参照。

使徒教父文書
おもに一—二世紀に活躍した最初期の教父たちによる文書群。新約聖書と時代が近いため重視される。

ルカの名がないのは、その部分が現存する断片に含まれていないからだろう。

「パピアス断片」佐竹明訳(『使徒教父文書』荒井献編、講談社文芸文庫、一九九八年所収)。

マルコは福音書記者としてはなかなかの評価を得ていたと言えるかもしれない。パピアスの伝承は広く信用され続けており、四福音書記者は聖人として扱われてきた。しかし近代聖書学の勃興が状況を変えた。教会が聖書にかぶせていた覆いは取り払われたのである。福音書記者についても例外ではなく、その史実性は否定されていった。もちろん、著者の名前が不明だからといって、福音書の価値が損なわれるわけではない。現在では、各福音書の成立年代*から見て、福音書記者がイエスを直接目撃した者とはまずありえないと考えられている。実際ルカは自分が直接の証言者でないことを明記している（ルカ一・一―二）。また福音書記者の役割についても、伝承の保持者であることが重視され、その独自性について考慮されることはなかった。ある意味、福音書記者は伝承を手渡すだけの存在と見なされていたのである。それはちょうど、歴史家が過去の事実をありのままに伝えている、という考え方であった。

現在、いかなる「歴史記述」も歴史家自身のバイアスを踏まえたものであるということは共通理解となっている。すなわち、「純粋に客観的な歴史記述」というものは存在しえないということである。それは決して悪いことではない。そもそも「客観的な現実」は存在しうるのかという問題がある。同じリンゴを見ても、その着眼点は異なる（赤い、まだ赤くない、美味しそう、美味しそうではない、よく熟している、食べるのはもう少し待とう、など）。歴史においても、ある事件や文書は客観的に存在しても、それを歴史的文脈に置く時には歴史記述を行う人の意識が入らざるを得ない。そ

福音書の成立年代
マルコ　七〇年頃
マタイ・ルカ　八〇年頃
ヨハネ　九〇年頃

もそも歴史というのもそのようなものなのである。*
同じことは、イエスの出来事を記している福音書記者にも当てはまる。それらの記述は客観的なものではない。先にパピアスが述べていた「何らの誤りを犯さなかった」とは、執筆者の認識においての「誤り」は犯していない、ということに過ぎないのである。

福音書記者の神学的意識が注目されるようになったのは、二〇世紀半ばに「編集史的方法」*（redaction criticism）という手法が用いられ始めてからであった。編集史による研究は相互に比較しうる共観福音書において盛んになり、ヨハネ福音書にも適用されていった。そして福音書記者はたんに伝承を並べているだけではなく、自分の意図に従って並べ替え、補足を行ったことが明らかになったのである。それゆえ、かれらもまた「神学者」であることが再認識されるようになっていった。

福音書記者の視点

では、福音書記者にはどのような独自の視点があるのだろうか。イエスが故郷ナザレに行った時に、歓迎されなかった記事でマルコ福音書とマタイ福音書の記述を比較してみよう。

〔イエスは〕そこでは、ごくわずかの病人に手を置いていやされただけで、その

これは「歴史認識」の問題でも起こりうるものであり、たとえば戦争についての認識が分かれるのもある意味で当然といえる。人は自分が見てきたもの、また見たいものを語るのである。

編集史的方法
その先駆けは、一九五六年刊行のマルクスセン『福音書記者マルコ』とされる。同書はマルコがどのような編集的意図をもって自分の福音書を記したかについての研究であった。ヴィリ・マルクスセン『福音書記者マルコ――編集史的考察』辻学訳、日本キリスト教団出版局、二〇一〇年。

ほかは何も奇跡を行うことがおできにならなかった。（マコ六・五）

人々が不信仰だったので、〔イエスは〕そこではあまり奇跡をなさらなかった。（マタ一三・五八）

マルコ福音書の記述では、イエスがナザレでわずかな癒ししかできず、奇跡が行えなかったということになる。これは、イエスにできなかったことがある、という解釈にもなるが、「神の子」であるイエスにできないことがある、というのは神学上問題となる。マタイにとって、そのようなことは耐え難かった。イエスは神の子、さらには神であるというのに、できないことがあるというのか。それゆえに、マタイはイエスがナザレで奇跡をしなかったことを「人々が不信仰だったので」と解釈し直している。これならば、イエスの能力不足ではなく、人々の問題であるということになる。これはあくまでマタイのイエス観であるが、この記述がイエスそのものの発言ではなく、マタイ自身による叙述、つまり福音書記者の意図が働きやすい部分であることを考慮すれば、マタイがマルコ福音書の本文に対して自分の立場から修正を加えていることは明らかである。

次に、人々が子どもたちをイエスのもとに連れてきたが、弟子たちが人々に苦言を呈したところ、イエスが弟子たちを叱った場面を取り上げよう。

イエスはこれを見て憤り、弟子たちに言われた。「……　（マコ一〇・一四）
しかし、イエスは言われた。「……　（マタ一九・一四）

傍線部は福音書記者自身の記述部分であることに注意したい。さらにイエスが病気の人を癒す場面を挙げよう。

イエスが深く憐れんで、手を差し伸べて……　（マコ一・四一）
イエスが手を差し伸べて……　（マタ八・三）

この二つに共通する点は何だろうか。傍線部に注目したい。いずれも福音書記者の記述部分である。マルコ福音書では「憤り」「深く憐れんで」というイエスの感情が述べられているが、マタイ福音書にはそれが一切ないのである。それは同じエピソードゆえに違いが際立つ。

ここから推測されるのは、マタイが考えていたイエスのイメージは、謹厳なる神の子、つまりむやみに感情を表さない、厳粛な姿としてのイエスであったようだ、ということである。これはマタイ福音書がユダヤ人を主要な読者と想定していることとも対応しているように思われる。厳粛な姿としての神を、イエスにも当てはめようとし、それゆえにイエスの感情表現を削除したと考えられるのである。本文批評の一般的法則では「短い方がより古い」（人間は余計なことを付け加えたくなるものである）ということがあるが、ここではそれに反することになる。ただし、福音書の内容を全般的に見て、マルコの方がマタイよりも古いということが認められている。

福音書の物語は史実か

では、各福音書は歴史的な事実を伝えているのであろうか。次に、イエスの受難物語上の改変を見てみよう。四福音書に共通してみられる「ペトロの否認」と呼ばれるエピソードである。最も古く書かれたとされるマルコ福音書の基本的な筋書きは次のとおりである。

〈マルコ福音書一四章六六―七七節〉

・ペトロは、捕縛されたイエスに遠くからついていく
・大祭司邸の中庭で、ペトロは下役たちと一緒に座って火に当たっている
・ペトロは、大祭司の召使に「あのナザレのイエスと一緒にいた」と指摘され、否定する
・鶏が鳴く
・召使の女が周りの人々に「この人はイエスの仲間だ」と言うのを、ペトロは否定する

・居合わせた人が、ガリラヤ出身を理由にイエスの仲間だと言うのを、ペトロは否定する
・鶏が二度目に鳴く
・ペトロは、イエスの言葉「鶏が二度鳴く前に、あなたは三度私を知らないと言うだろう」を思い出して泣き崩れる

ところが各福音書を詳細に見ていくと、さまざまな違いを見出すことができる。列挙すれば以下のとおりである（読者もぜひ聖書を読み比べてほしい）。
〈マタイ福音書二六章六九―七五節／ルカ福音書二二章五六―六二節〉
・マタイ＋ルカ……鶏が鳴くのは一回だけ（物語をより劇的にする）
・ルカ……裏切ったペトロを咎めるイエスの視線を加える（それに合わせてイエスの言葉も改変）

主は振り向いてペトロを見つめられた。ペトロは「今日、鶏が鳴く前に、あなたは三度、私を知らないというだろう」と言われた主の言葉を思い出した。（ルカ二二・六一）

・マタイ＋ルカ……ペトロは「外に出て」泣く（冷静さを加える）

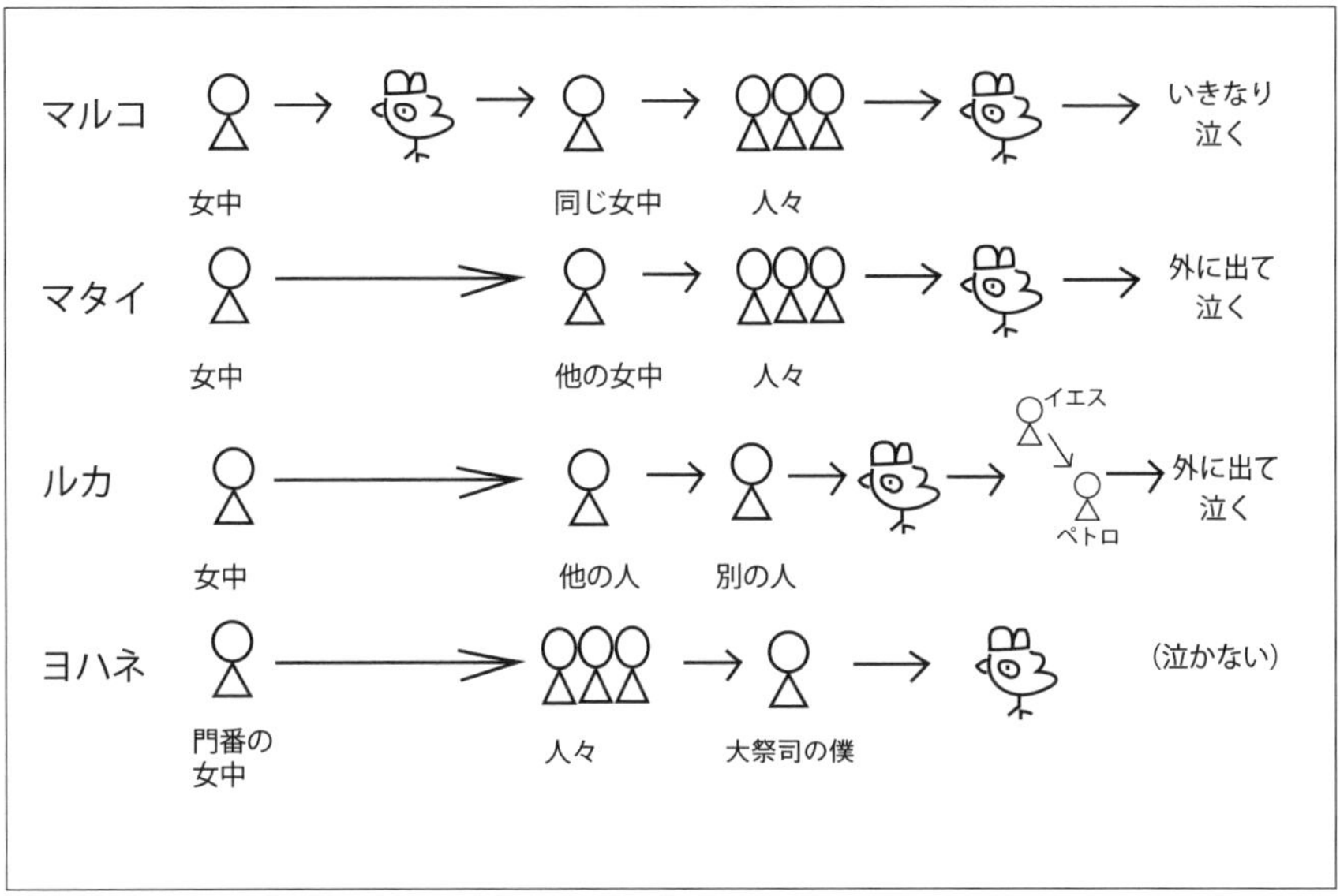

図13　ペトロの否認

以下の点に注意して、聖書を読み比べてみよう
・鶏は何度鳴いたのか？
・二番目にペトロに話しかけたのは誰か？
・三番目にペトロに話しかけたのは何人か？
・イエスはペトロを見つめたのか？
・ペトロはどこで泣いたのか、泣かなかったのか？

〈ヨハネ福音書一八章一五―一八、二五―二七節〉

・ペトロともう一人の弟子が捕縛されたイエスについて行く
・もう一人の弟子は大祭司邸の中庭に入るが、ペトロは門の外に立っている
・もう一人の弟子が門番の女に話し、ペトロを中に入れる
・ペトロは、門番の女にイエスの弟子か尋ねられて否定する
・ペトロは、立って火に当たっている
・ペトロは、人々に「あの男の弟子の一人ではないのか」と言われ、否定する
・ペトロは、大祭司の僕*に「園であの男と一緒にいるのを、わたしに見られたではないか」と言われるが、すぐに打ち消す
・鶏が鳴く（マタイ・ルカと共通して一回だけ）
・ペトロが最後に泣く場面は描かれていない

マタイ・ルカ・ヨハネは、それぞれの立場から描写を補足したり、またより印象深くなるように工夫をしたりしている。またヨハネでは、ペトロに対する関心の高さがうかがえることから、ヨハネ福音書は、ペトロの権威に反対しようとしていると推測される。ともあれ、このような違いがあることを考えると、史実の再構成は容易ではないとわかる。マルコが伝えているものは、福音書の中では最古とみられてはいるが、成立年代は一般に七〇年頃、早い説でも五〇年頃とされる。すでにイエスの死か

大祭司の僕
ヨハネ独自の人物。ゲッセマネの園でペトロに片方の耳を切り落とされた人物の身内とされている（ヨハ一八・二六）

ら最低二〇年は経ていることから、その間に改変がなされた可能性も十分ある。マルコが伝えているものが「史実」であるとは簡単には言い切れないのである。確実に言えることは、「マルコは現存する伝承のうち最も古いものを伝えている」というところまでであろう。

福音書にあるイエスの言葉は史実か

福音書の物語に著者である福音書記者の意図が反映しているとすれば、「福音書の中にあるイエスの言葉は史実なのか？」という点も改めて考える必要がある。

新約聖書全体はギリシア語で書かれているが、イエスが日常的な語りにおいてギリシア語を使っていたとはあまり考えられない。イエスは弟子たちと（すべてではないにしても）ギリシア語で話していたとする仮説もあるが、イエスの言葉としてアラム語*のものが福音書の中にも残されていることを考えると、イエスは通常アラム語を使っていたであろう。そうすると、次のように考えられる。

①アラム語のイエスの言葉は史実に遡る可能性が高い
②ギリシア語は翻訳であるゆえに、少なくとも逐語的にイエスの言葉を伝えているわけではない

アラム語
中東でかつて広く用いられていた言語で、ヘブライ語とも同じグループに属する。新バビロニアやアケメネス朝ペルシアでは公用語であった。

もちろん、聖書にあるような趣旨の発言そのものがなかったというわけではなく、現在の新約聖書のギリシア語本文そのままが一言一句イエスの口から発せられたわけではない、という意味である。

ここでは、十字架での死の際におけるイエスの言葉を取り上げてみよう。「十字架上のイエスの七つの言葉*」として知られるものであるが、死の間際における部分に注目すると、以下のように整理できる。

A

エロイ、エロイ、レマ、サバクタニ

（わが神、わが神、なぜ私をお見捨てになったのですか）　（マコ一五・三四）

エリ、エリ、レマ、サバクタニ

（わが神、わが神、なぜ私をお見捨てになったのですか）　（マタ二七・四六）

Aは二つの福音書で伝えられている有名な言葉である。違いは「エロイ」（マルコ）と「エリ」（マタイ）であるが、「わが神よ」はマルコがアラム語形、マタイはヘブライ語形である。先に述べたように、アラム語形はイエス自身に遡る可能性が高い。マタイのヘブライ語形は旧約聖書の詩編二二編に合わせるために修正したものと見なされる。また両福音書においてこの部分に「これは、『わが神……』という意味である」

*十字架上のイエスの七つの言葉
①ルカ二三・三四
②ルカ二三・四三
③ヨハ一九・二六―二七
④マコ一五・三四／マタ二七・四六
⑤ヨハ一九・二八
⑥ヨハ一九・三〇
⑦ルカ二三・四六

と翻訳・説明がつけられていることも、この言葉（アラム語形）が十字架上のイエスが発した言葉として、半ばおまじないのような形で伝えられていたことを示している。この言葉は詩編の引用であることから、伝承の過程でふさわしい聖書箇所が後から付加されたという立場もあるが、イエスに遡る可能性は高いであろう。イエスは当時の慣習からも旧約聖書には親しんでいたであろうし、詩編の言葉を引用することそのものは特に不思議ではない。

B

イエスは大声を出して息を引き取られた。（マコ一五・三七）
イエスは再び大声で叫び、息を引き取られた。（マタ二七・五〇）
イエスは大声で叫ばれた。「父よ、私の霊を御手に委ねます」。
　こう言って息を引き取られた。（ルカ二三・四六）
「成し遂げられた」と言い、頭を垂れて息を引き取られた。（ヨハ一九・三〇）

　Bはイエスが息を引き取る場面である。マルコとマタイでは「大声で叫んだ」とのみ記されており、具体的な内容は述べられない。おそらく死に際の叫びであったのだろうか。ルカではその内容が、「父よ、……」という言葉になっている。ルカのこの言葉は、父である神への信頼を表しているとも言える。それはAに見られた「わが神……」といういわば絶望の叫びとは合わない。しかもルカにはAの言葉がないのである。これは、仮にイエスがこの両方を実際に述べていたとしても、少なくともルカはAを取らず、Bにある言葉のみを用いた。すなわち神への絶望ではなく、神への信頼を告げたことにしたいというルカの意向を反映したものであろう。

ヨハネはまた別の言葉を収録している。それは「成し遂げられた」であり、「完成した」とも訳される。これは、イエスの十字架の死までがすべて計画されたものであり、予定どおりに完了した、という意味と考えられる。ヨハネにおけるイエスは、すべての事柄を了解した上で天からやってきてまた天に帰る、という思想のもとに描かれているのである。*

イエスの死という重要な場面において、イエスは最後に何を言ったのか。もちろん「これらすべてを語った」という解釈も不可能ではない。それでも、各福音書記者が自分の福音書において取り上げた言葉は異なる、という事実は変わらないのであり、そこに福音書記者の意図が反映していると言えるだろう。

福音書によって表現が異なるのは、私たちの理解の想像力を豊かにするものでもある。福音書の共観表*などを参照し、それぞれの福音書の記述の細かな違い、またそれを通じて福音書記者の特徴を探してみてはいかがだろうか。

新約聖書の物語における大集会

大貫隆『ヨハネ福音書――世の光イエス』日本キリスト教団出版局、一九九六年参照。

福音書の共観表
四つの福音書における同じ内容を並べて見やすくした本を「共観表」(Synopsis)と呼ぶ。日本語のものも複数作られている。

新約聖書では、男だけで五千人など、非常に多くの人々が集まっている記事が見られる。このような大人数が集まれる場所は実際に存在したのだろうか。ローマに征服される以前の古典期のギリシアは都市国家ポリスが集まった地域であったが、各ポリスにおける重要な場所が「アゴラ」と呼ばれる広場であった。公共施設や市場が置かれ、人々が交流する場であった。そこはまた民会*（エクレーシア）が開催される場所であり、法が掲示される場所でもあった。直接民主制が採られていた古代ギリシアでは、人々が集まって議論することが重視されていた。

古代ローマにもその伝統は引き継がれ、フォルム（forum）と呼ばれた。現在ローマ市の中心部にあるフォロ・ロマーノ（Foro Romano）は、ローマ時代のフォルムの跡である。ギリシアのように、人々はフォルムに集まっていた。パウロが宣教したのは、そのような広場であった。広場であるから、何人くらい収容できたのかは一概に言えない。劇場など集まる範囲が決まっているものを考えてみよう。

テッサロニキ（新約聖書のテサロニケ）に現存するローマ時代の劇場跡（図14）は背後に写る車から建築物のサイズが推定できるだろう。二〇〇〇―二五〇〇名収容とされるが、かなり詰め込んだ数だろう。現代であれば、スタジアムなどを想定するとよいかもしれない。古代の劇場はゆったり座るという感じではなかったようである。

大きなものとしては、有名なローマのコロッセウム（コロッセオ）がある（図15）。収容人数は諸説あるが、大まかに五万人と推定されている。まさに現在のスポーツ・

民会（エクレーシア）
ギリシア語のエクレーシアはキリスト教の「教会」にも用いられる。もともと集会一般を意味する語である。

スタジアムと変わらないと言えるだろう。

さらにエフェソスにある野外劇場跡は、舞台後ろ*にあるスペースからも見て取れるように、かなり大きなものである（図16）。収容人数は二万五〇〇〇人と推定されている。円形劇場は半円形なので、円形のコロッセウムの半分の収容人数と考えてよいかもしれない。

*野外劇場の舞台　ギリシア語で「オルケストラ」という。オーケストラの語源。

図14　ローマ時代の劇場（テッサロニキ）

図15　コロッセウム（ローマ）

図16　野外劇場（エフェソス）

もちろん、聖書にある「〇万人」という数字には多くの誇張が含まれているであろう。しかし、これらの図版と推定収容人数を考慮すると、万人単位の人々が集まることは決して不可能なわけではなさそうである。ちなみにイエス時代のエルサレムの人口は五万人ほどと推計されている。これくらいの人口であったとしたら、イエスのことが噂になれば人々に広く伝わっていくこともありえたかもしれない。ファリサイ派の人々が「世をあげてあの男について行ったではないか」（ヨハ一二・一九）と言ったのもあながち誇張ではなかったのではなかろうか。

第8章　新約時代の書物

古代の本の形態――古代における本はどのようなものか

私たちが普段手にする本は綴じられた冊子の形である。現代語訳聖書も同様である。では、新約聖書時代（一―二世紀）の書物はどのような形態であったのだろうか。ほぼ同時期である古代ローマ時代の文献に見られる書物をめぐる表現を引用しつつ*古代の本について探っていこう。

新約聖書時代以前の本のかたちから考えてみよう。そもそも「本」という形式は最初から存在していたわけではなく、まずは一片の素材にメモ書きのようなかたちで書かれることから始まったのであろう。「文字」が使われる以前、洞窟壁画や象形文字など、絵のかたちで記録が始まった。記録される内容は実用的なものが多かったようである。たとえば保管・輸送される物品、また税として納められたものの品目や数量などである。古い時代のギリシア語を表す文字である線文字Bの文書のほとんどはそうした記録である。また日本で出土する木簡にもそのような類いの記録が多い。

*特記あるもの以外はF・G・ケニオン『古代の書物』（高津春繁訳、岩波新書、一九五三年）より引用。なお、一部表記を改めた。

本の素材

文字を書き残す材料として、さまざまなものが用いられた。石に刻むことは、その保存性の高さや、インク等が不要なこともあって、比較的早い時期から行われていた。モーセが神から受け取った十戒も石板に刻まれていたとされる（出三二―三四章）。しかし石材の加工は簡単ではない。それゆえ、加工が容易な材料として、粘土板が用いられるようになった＊。最初期には粘土をただ乾燥させていただけであったと思われるが、焼くことにより強度が増すことを発見し、必要に応じて焼成されていたようである。粘土を焼いて作る土器に文字を刻むことは、石に刻むことの応用であると考えられる。

＊粘土板
現存最古の粘土板は前四〇〇〇年紀のものとされる。歴史学研究会編『古代のオリエントと地中海世界　世界史史料一』岩波書店、二〇一二年、四―六頁

パピルス紙

多様な材料の中で、新約聖書時代に書写材料として用いられたのはパピルス草と動物の皮であった。パピルス紙はエジプト古王国時代の前三〇〇〇年頃から使われるようになったとされる。英語の paper の語源ともなったパピルス草はイネ目カヤツリグサ科の植物で、エジプトの北部やシチリアに生えるものであった。高くて五メートル程度の大きさになる（図17）。なお、いわゆる「紙」や皮紙の普及とともに一〇世紀頃には使用されなくなった。

パピルス紙は、パピルス草の茎を使用する。茎の髄を薄く切って片方の面を横に並

図17　パピルス草

べ、もう一方の面には縦に並べて重ね合わせる。これを叩いていくことで、髄に含まれている澱粉によって互いに密着する。乾燥させたのち、軽石などで表面を磨いて仕上げる。それぞれの紙のサイズはパピルス草の大きさに依存するため、それらを張り合わせて長い巻物にしていく。パピルス巻物は一〇—一五メートルが基本的な長さであったとされ、長大な「ルカ文書」がルカ福音書と使徒言行録の二巻になっている理由のひとつである。

未だ紫で飾られず、乾いた
軽石の鋭い歯でも磨かれていないのに
わたくしの小っちゃな本め、お前はアルカーヌスの後を追って飛んで行く。
（マルティアリス*『エピグランマタ』（警句集）viii 七二）

前述の作製プロセスから推測されるように、パピルス紙には表裏がある。横書きな

*マルティアリス Martialis（四〇頃—一〇四年）古代ローマの詩人。一五〇〇以上のエピグラム（警句、風刺的な短詩）を遺した。

ので、横に繊維が走る面のほうが書きやすい。これを表面（recto）と呼び、反対側を裏面（verso）と呼ぶ。日本語のような縦書きの言語であれば、縦に繊維が走る面のほうが書きやすく、表面となっただろう。

一世紀頃から、冊子（codex）が用いられるようになった。これは一枚のパピルス紙を折って作る。巻物であれば基本的に裏面は使わないが、冊子では必然的に裏面も使うことになり、書きやすい面と書きにくい面が生まれることになる。

皮紙

牛、羊、山羊など、動物の皮を材料とした紙を総称して皮紙《ひし》と呼ぶ。仔牛や仔羊の皮（vellum）は高級品であり、一般には羊を用いた羊皮紙《ようひし》（ラテン語 pergamena, 英 perchment）が用いられた。前五世紀頃から用いられており、ラテン語のペルガメナという呼び方は都市ペルガモンに由来する。伝説では、前二世紀にペルガモンの王が図書館を作ろうとしたが、エジプトがそれに反発してパピルス紙の供給を停止した。エジプトはアレクサンドリア図書館で知られており、いわば世界一の争いのゆえ反発があったのかもしれない。そのためにペルガモンでは皮紙を造り始め、「ペルガモンの紙」という意味でその名がついたという。皮紙は保存性がパピルス紙よりも高いため、紀元後には書写材料として普及した。

皮紙をつくるには、皮を洗い、こすって毛を取り除く。その後に皮を引っ張って伸

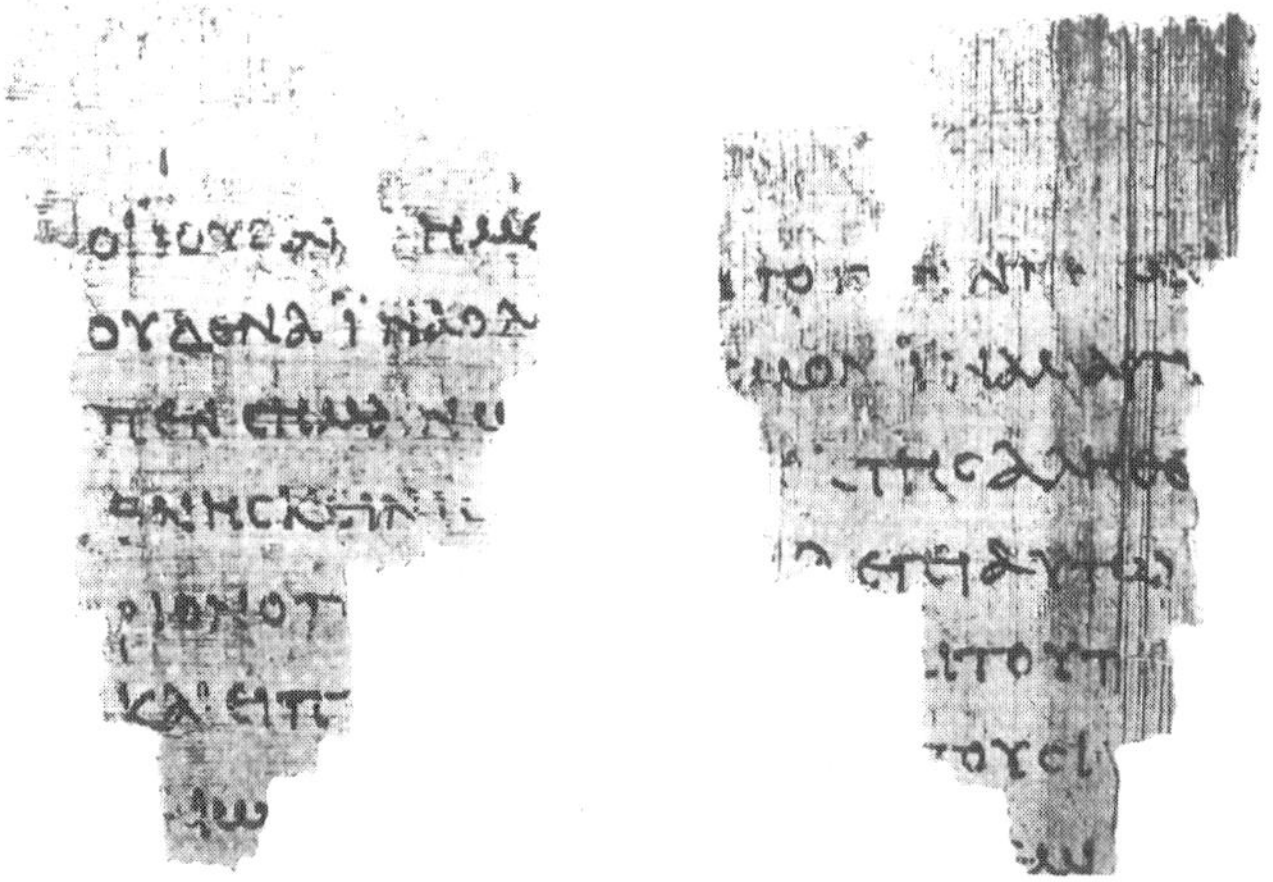

図 18　パピルス 52 番（表面と裏面）

約 9 × 6 cm（写真はほぼ原寸）。冊子本の一部で、両面に記されている。裏面からパピルス繊維が縦になっていることがわかる。表にヨハネ 18：31-33、裏に同 18：37-38。元はヨハネ福音書全体を含んでいただろう。現存する最古の新約聖書写本（断片）で、書体の特徴から 2 世紀前半（125 年頃）の作成と推定される。エジプトで購入されたパピルス群に含まれており、ヨハネ福音書の執筆（90 年頃）からかなり早い段階でエジプトにまで伝えられていたことを証言する。

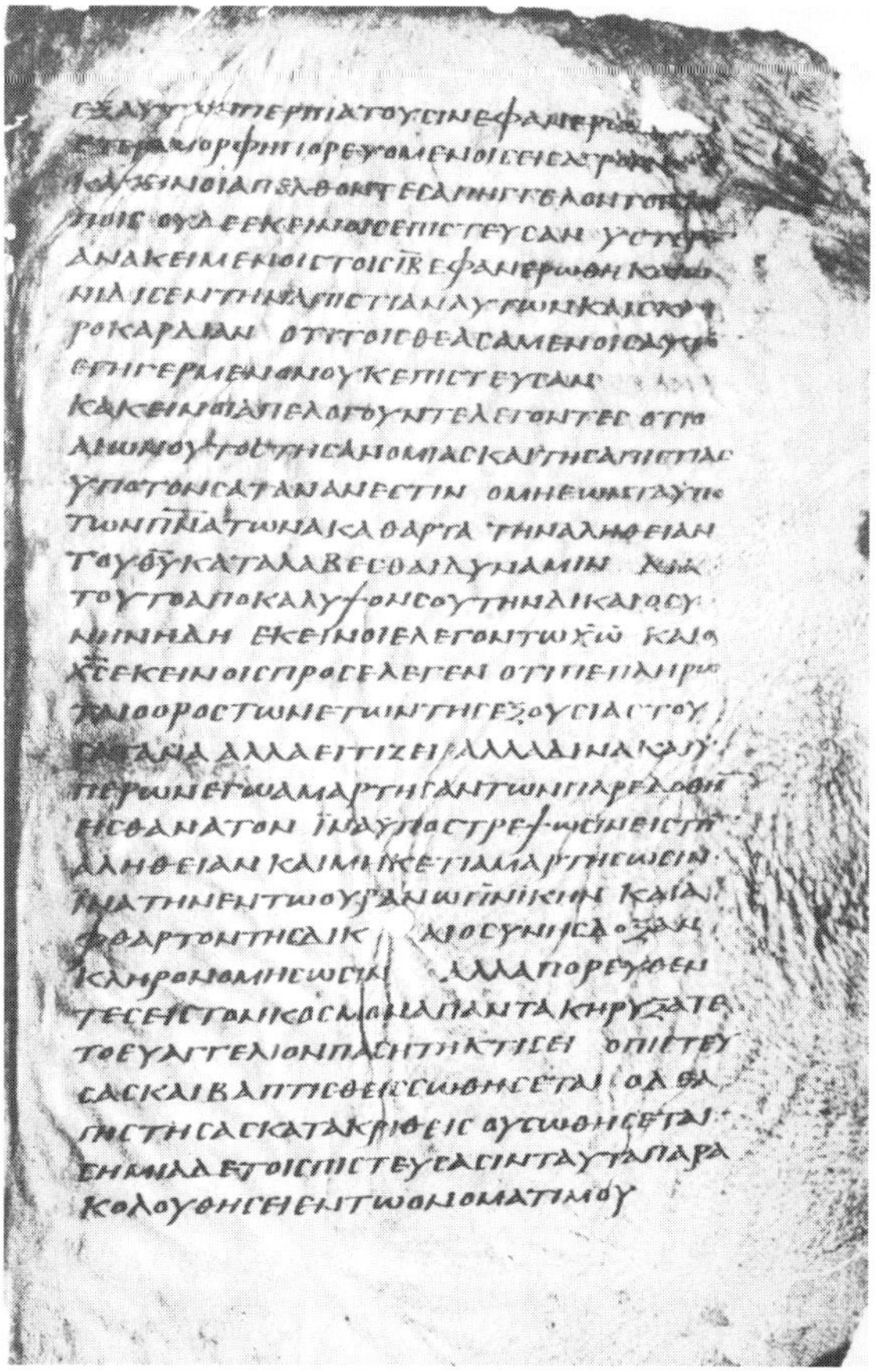

図 19　ワシントン写本の一葉（皮紙）

約 14 × 21 cm（本書より少し大きいくらい）。マルコ 16：12–17。作成は 4–5 世紀と推定される。写本は四福音書を含み、マタイ・ヨハネ・ルカ・マルコの順に並んでいる。左右の端には皮の皺が見られる。中央やや下にある丸い穴を避けて文字が記されていることから、穴は皮紙が作られた時からあったことがわかる。

ばすための台につけ、表面を削って伸ばしていく。最後に軽石で表面を磨く。薄く仕上げたものほど高級品とされた。なお皮紙には「皮膚面」と「肉面」があり、肉面はやや色が濃くなり、インクも滲みがちとなる。長い巻物を作るには縫い合わせて使う。ユダヤ教では、現在でも正式な正典は皮紙の巻物とされている。*

本の形態

古代の本の形として、巻物（scroll）と冊子本（codex）の二種類がある。

巻物

巻物は古い時代から用いられた形式であった。エジプトでは「死者の書」のような非常に長い文書が巻物としてコンパクトに収納された（図20）。両端ないし片方の端に軸をつけることも多い。

わたくしの本を軸までくりひろげて、
すっかり読んだかのように、セプティキアーヌス、君は送り返して来る。
（マルティアリス、前掲書 xi 一〇七・一―二）

ああ、もうよい、もうよい、小っちゃな本よ、

巻物
ルカ四・一七「預言者イザヤの巻物が渡され」、黙五章の封印された巻物。

もう軸にまで来て仕舞ったよ。

（マルティアリス、前掲書 iv 八九・一―二）

しかし黄色い皮紙が雪白の小型本を包むがよい、
そして軽石が先ずその灰色の毛をとるがよい、
わたくしの名を示すために書かれた文字が
薄紫のパピルスの頂点を縁取るがよい、
そうして両端の間にある軸は彩りするがよい、
こんな具合に洒落た姿でこの作品は送らなければならないからだ。

（ティブッルス*、iii 一・九―一四）

図20　パピルスの巻物を持つ男
（フレスコ画、1世紀、ヘルクラネウム）

さあ杉油をどっさり塗って
両端には飾りをつけて
彩った軸に驕って行くがよい、
見事な紫がお前を覆い、
表題は真紅に威張って輝くだろうよ。

（マルティアリス、前掲書、iii 二・七―一一）

ティブッルス
Tibullus（前五五頃―前一九年）共和政ローマの抒情詩人。

巻物の場合は、原則として表面（recto）のみに書く。裏面は紙の繊維が縦に走っているために書きにくい。もっとも、書き損じの再利用として裏側が用いられることはあった。黙示録にあるように「表と裏に文字が書いて」（五・一）ある巻物は珍しい例と言える。

ピーケンスはパピルスの背にエピグラムを書くんだとさ、
そうして詩神が背を向けたと嘆くんだとさ。

（マルティアリス、前掲書viii六二）

もし彼（＝偉い批評家）がお前を（＝本）を駄目だと言ったなら、
塩漬物屋の屋台店に直ぐさま飛んで行くがよい、
裏側を小僧共にひっかかれるように。

（マルティアリス、前掲書iv八六・九―一一）

巻物に文字を記す方向については、縦巻き（vertical）と横巻き（horizontal）があった。縦巻きの場合は、巻物を両手で持って開けた時に見える幅程度を欄（column）として、各欄がちょうどページのように並んでいくようになっていた。横巻きの場合、巻物の幅いっぱいが一行となる。上下に広げるのは持ちにくいため、比較的短い文書が多かったと推測される。

冊子本

現存する最初期の冊子本は一世紀のものである。もともとはメモ用のノートとして使われていたらしく、本のための形態とは認められていなかった。その後、徐々に文学作品を写すためにも用いられていった。一世紀以後に、キリスト教文書においてしばしば用いられるようになったのは、聖書箇所を参照するのに探しやすかったからと考えられている。

冊子本はパピルス紙でも皮紙でも作られた。サイズはさまざまであるが、四〇センチ×三五センチ程度のものが一般的で、小さいものでは四センチ×五センチの本もある。またページ数は最大でパピルス紙六〇〇頁、羊皮紙一六〇〇頁といったものもある。これらを巻物で作ったとしたら膨大な量になるはずであり、冊子本という形態が普及した理由が理解できるだろう。

誰に贈ろうか、わたくしの洒落た新しい小っちゃな本を、
からからに乾いた軽石で磨いたばかりだ。
（カトゥッルス*『歌集』i一―二）

この皮本《かわぼん》が道連れだったら、

カトゥッルス
Catullus（前八四―五四年）
帝政期ローマの詩人。

長い旅路をキケローと一緒に過ごすと思いなさい。

（マルティアリス、前掲書 xiv 一八八・一―二）

冊子本では、紙の表面（recto）と裏面（verso）の両方を使用する。両面を用いることにより、片面しか用いない巻物に比べて倍の内容を収めることができる。巻物の場合、長編の作品であるホメロスの『イリアス』『オデュッセイア』は二四巻、またウェルギリウスの『アエネイス』は一二巻に分けられているが、これは巻物の長さに限りがあるため分けられていた。冊子体であれば一冊に収めることができただろう。

彼はまたたぐいなく沢山の詩を作った。
一万行、それよりももっと沢山、すっかり綺麗に書いてあって、
反故紙になんか書いたものじゃない、
帝王の如きパピルス、新しい巻物、
新しい軸、赤い紐、皮紙の覆い、
みんな鉛で罫が引いてあって、軽石ですべすべにしているのさ。

（カトゥッルス、前掲書 xxii 三―八）

本の製作と流通

本を作るためには、まず材料が必要となる。紙となるパピルス草の生産はエジプトが中心地であった。エジプトで生産されたパピルス紙は比較的安価であったらしく、ヘレニズム期には個人の手紙が記された一枚物のパピルス紙もしばしば発見されている。

メンフィスの地はパピルスに都合のよい葦を供する。

（マルティアリス、前掲書 xiv 三八）

紙や道具を買うには費用がかかり、そのためには自分が資産家であるか、そうでなければパトロンが必要であった。原本を見てもらい、出版のための費用を出してくれる人を探すのである。ルカ福音書冒頭に挙げられている「テオフィロ」はそのようなパトロンであったとも推定されている。

親愛なるメリオル様、もしこれらの作品が悪くないとお思いなら、あなたから人々に渡されますように。そうでなければ、それらを私にお返しください。

（スタティウス＊『シルウァエ』二、序二九—三一〔私訳〕）

＊スタティウス Statius（四五—九六年）ローマの叙事・叙情詩人。

図21　アルフォンソ10世の『遊戯の書』挿絵（13世紀）

実際に本を製作する段階では、手書きであるから、写しを作る書記が必要となる（図21）。写しを作るには二つの方法がある。口述筆記と原稿の筆写である。

口述筆記は、読み上げる人と書く人に分かれ、読み上げられた文章を書き取っていくことになる。これは複数の書記が同時に書くことが可能であり、効率的な方法であった。ただし、同義語や母音の長短の聞き違いが発生する可能性がある。長短の聞き違いの例として、ローマ書五章一節には「エコメン」（「我々は〈神との間に平和を〉持っている」）と書かれた写本と「エコーメン」（「我々は持とう」）と書かれた写本の二種類があり、語意が変わるためにパウロ思想の理解にとっても問題になるところである。

手本を見ながら書き写す場合、同時に作業できるのは一―二人であろう。しかし口述のような聞き間違いは起こりにくい。ただし今度は

「読み飛ばし」が起こる。手本と手元の紙の間を目が行き来する際に、近い行に似たような語（綴り）があると、勘違いして飛ばしたり、繰り返し書き写したりすることがある。

結局、いずれの方法を採っても間違いは起こりうる。それらの間違いを精査して自筆本の本文を回復しようと試みるのが本文批評*である。

弁論術に関する著作には、精力的に取り組んできた。ずいぶん長いあいだ、相当に手をかけたものだ。書き写してくれて結構だ。*
（キケロー『アッティクス宛書簡集一』四・一三・二）

なお写本作成の報酬については、ディオクレティアヌスの価格勅令*という情報がある。それによれば、最高級のものは一〇〇行あたり二五デナリウス、第二級は同二〇デナリウスであったという。当時の農業労働者の日給が二五デナリウス、豚肉三〇〇グラムが一二デナリウスであり、一〇〇行を丁寧に写すにはそれなりの時間が必要であるため、報酬としては妥当と思われる。

校　正

写本には写し間違いがつきものである。そのために校正作業が必要となる。校正を

本文批評
本書第10章参照。

キケロー
Cicero（前一〇六―前四三年）ローマの政治家・著述家。その文章はラテン語散文の模範とされた。引用は『キケロー選集』第一三巻（岩波書店、二〇〇〇年）より（以下同じ）。

ディオクレティアヌスの価格勅令
三〇一年発布。邦訳（抄訳）『古代のオリエントと地中海世界史史料二』歴史学研究会編、岩波書店、二〇一二年、三〇三―四頁所収。

するのは同じ人の場合もあれば、別の人がチェックしていることもある。聖書写本でもそのような修正の跡が見られる例がある。

また、一般的な著述家の書物の場合、販売開始後に修正することもあったらしい。聖書の場合は修道院等で長く使われることが多く、その間に他から得られた情報を踏まえて修正が加えられることもある。それらは書体やインクが異なるためにわかることが多い。

著者の筆で直した本です。
この直しこそこの本の値打ちです。
（マルティアリス、前掲書 vii 一七・七―八）

こうして世に出された本について、著者の儲けはおそらくほとんどなかったであろう。

本の流通

本は個人的な配布のほかに、販売もされていた。古代にも本屋が存在したのである。本棚に並んでいて立ち読みできるというよりは、店員の後ろに積み上げられ、注文に応じて引き出すというものであったのだろう。著者ないしタイトルを示すしおりがつけられ、中を開かなくても区別できるようになっていたようである。

君の欲しがっているものは、もっと手近で手に入るぜ、
君はよくアルギーレートゥムに出かけるが、
カエサル広場に向かった店がある、
両側の柱は本の名で一杯、
さっさと詩人の名をみんな読めるようにさ。
（マルティアリス、前掲書 i 一一七・八―一二）

クゥイーントゥス、君は俺に俺の本をくれと言う。
手元にはないが、本屋のトリュポーンがもっているよ。
（マルティアリス、前掲書 iv 七二・一―二）

本の値段の例としては、マルティアリスの作品が五デナリウスで売られていたという記録がある。*
なお私的に写しを作ることもあったようである。現代のようにコピー機で、というわけではないので、私的に写せるのはそれなりの準備（資産）が必要である。

* マルティアリス、前掲書、i 一一七・一六。

ウィビウスから本を受け取った。この詩人（エフェソスのアレクサンドロス）、勘が鈍くて何も分かっていないが、役に立たないというわけではない。写しを取って返すつもりだ。

（キケロー『アッティクス宛書簡集Ⅰ』二・二〇・六）

これらの本は、遠くまで運ばれることもあったらしい。

俺の本は霜深いゲタイ人の地（＝ルーマニア）で軍の神の旗じるしの側
きびしい百人隊長の手あかによごれ、
ブリタニアさえ俺の詩を歌うという。

（マルティアリス、前掲書 xi 三・三―五）

本の形態や作成は、時代によって大きく異なる。新約聖書も、以上のような過程と類似した経緯を経て、各地に広まっていたことであろう。現代とは異なる状況について理解しておくことは、新約聖書の伝播について考えるためのヒントにもなる。なお、聖書が広く販売されるようになったのは、一六世紀に印刷技術が始まってからである。

第9章　新約聖書の成立と外典・偽典

聖書は誰が記したか

聖書（旧約聖書）は神が作成に関わったとされる文書の存在に言及している。シナイ山でモーセに与えられた二枚の石板である（出三一―三二章）。それは「神の指で記された」（出三一・一八）という。まさに「一字一句神に由来するもの」、聖書は神の権威によって書かれている、と言えるだろう。ところが、金の子牛を巡る騒動（出三二章）の際、モーセはこの石板を割ってしまう。神はモーセに命じて、新たに石板を準備させ、モーセに十戒を書き写させる（出三四・二八）。つまり後者はモーセの手になるものであり、これが後代に伝えられていく（その後、行方不明となる）。

新約聖書は後者のイメージに近い存在である。私たちが手にしている新約聖書の最初の原稿は、私たちと同じ人間が書いたに違いない。それは、神の言葉（とされるもの）を人間が書き記したものである。少なくとも、「神の指で記された」ものではない。「聖書は神の霊感によって記された」という主張には二つの立場がある。「逐語的に一字一句誤りがない」という説と、「全体として神の意志を表したものであり、個々の語句は人間に責任がある（誤りもありうる）」というものである。「聖書には誤りがない」という説は、前者の立場を必要とする。しかしそれは、聖書全体が「どこかから掘り出されたもの」というような立場をとらなければ困難であろう。* また類例として、イスラム教の聖典『クルアーン*』は、神からの啓示をムハンマドと信徒たちが記憶し、口頭伝承に加えて文字記録がなされたという。『クルアーン』についての取り扱いで興味深いのは、「翻訳は聖典と認めない」という点である。翻訳すると、どうしても原語の意味合いが損なわれることを理由としている。ゆえに『クルアーン』はアラビア語原典のみが聖典となるため、信徒はアラビア語を学ぶことが必須となる。

人間社会の中に存在する聖書は、その最初から人間の手になるものである。しかしそれを記した動機は、神への信仰に基づくものである。その意味では、「聖書は神の権威によって記された」と言えるかもしれない。

写本という伝言ゲーム

ところで、「聖書は神の言葉」を考えるとき、「聖書の自筆本は存在しない」ことを考慮しないわけにはいかない。もちろん最初には、たとえばパウロの自筆本があったに違いないが、写されていくうちに原本は失われた。これは原本の保存を重視する現

モルモン教が用いる聖典『モルモン経』は、創始者ジョゼフ・スミスが天使に告げられて掘り出した黄金の板を翻訳したものである。

クルアーン
いわゆる「コーラン」。「クルアーン」の方が原語（アラビア語）の音写に近い。

代とは違った意識にもよると考えられる。問題は、写本が正しく写されたものか、という点である。伝言ゲームで遊んだことのある人は多いだろうが、驚くほど内容が変化してしまうものである。文書を写すのであればそれほど変化はしないだろう、と思われるかもしれない。確かに口頭で伝えるほどの変化は起こらないが、それでもしばしば驚くような変化が、現存する写本には見られるのである。ヨハネ黙示録二二章一八—一九節には、黙示録の言葉を修正する者への呪いが書かれているが、そのように書かれているということは、文書の言葉が修正されることはしばしばあったという証言にもなっているのである。

その中には、長い「オー」を「オ」と短く表記する（つまり、朗読されるものを聴きながら書き写していた）ような単純な間違いもあれば、同じ文字群で始まる行頭や行末を見間違えて飛ばしたり、逆に繰り返したりするもの（内容を理解しながら写していたのではないことがわかる）、またある福音書にみられる表現を覚えていて、別の福音書に書き込んでしまうもの（写字生*の記憶力を誉めるべきだろうか）、誰かが写本の欄外に記したメモ書きを本文に取り込んだもの、さらには「これは著者が書き漏らしたに違いない」「こういう風に考えるべきだ」と（おもに正統的信仰の立場から）解釈しながら書き加えたり、修正したりしてしまうことすらある。*約六千点が現存している新約聖書の写本には、記された本文が全く同じものは二つとない、と言われる所以である。この意味では、そもそもの「神の言葉」は失われてしまっているとも言えるだ

写字生
写本を書き写す作業を行う者。

本書191頁参照。

ろう。実際にはそこまでの大きな違いはなく、半分程度の写本はほぼ同じ本文を収めている。[*] しかし、私たちには自筆本を再び手にする方法がない。神ならぬ人間の能力の限界のゆえに、「神の言葉」には永遠にたどり着けなくなってしまったのだ。

旧約聖書の文書化

「旧約聖書」が現在とほぼ同じ形になったのは一世紀末頃とされるが、各文書が文字化され始めたのはバビロン捕囚前後の頃（前六―五世紀）と考えられている。[*] 最初はトーラー（律法、モーセ五書）からであったとされる。それまでは、トーラーも「暗誦するもの」であった。ラビたちによって口頭で伝承されていたのである（現代でも、ラビたちはトーラーを暗誦する）。トーラーの文書化の背景は、異郷の地に連れて行かれる捕囚によって自分たちの伝統が失われるという危機感があったのかもしれない。文書化によって、トーラーの内容がある程度固定化されることになり、その伝統を重視することも生まれてきたと考えられる。[*]

捕囚から帰還した民は、まず律法に「書き記されているとおり」犠牲を献げることから始めている（エズ三章）。また民に対して律法が朗読された（ネヘ八章）。律法がユダヤ人全般にとって中心的存在になっていくのは捕囚後であると言ってよいだろう。その後にヘレニズム時代を迎え、前二世紀には旧約聖書のギリシア語訳である「七十人訳」[*] も作られる。これはユダヤ人が地中海世界に広がり、ヘブライ語聖書を

本書217頁参照。

旧約聖書の執筆年代
詳細は黒田裕『今さら聞けない!? キリスト教――聖書・聖書朗読・説教編』27頁表参照。

捕囚と文書化
捕囚されたのは全員ではなく、比較的身分の高い人たちや職人たちであったと考えられる。もちろん宗教関係者も含まれていただろうから、その人たちがこれらの作業を行ったのであろう。身分の低い人々はパレスチナに残された。捕囚前の文書の例として、歴代誌下三四章に見られる申命記の巻物発見の記事がある。

七十人訳聖書
本書62頁参照。

理解できない人たちが増えてきたことが背景にあると推測されている。続くローマ時代のキリスト教徒も、旧約聖書としてはヘブライ語ではなくギリシア語の七十人訳を利用している。

ちなみに、ルカ福音書四章にイエスがイザヤ書を朗読する場面が出てくるが、これはユダヤ教の会堂であるシナゴーグでの出来事なので、ヘブライ語の写本であっただろう。イエス時代にはヘブライ語はもはや儀式の言語（文語）となっており、一般にはアラム語が用いられていた。子どもたちは小さい時から聖書の暗誦を学んでいたようであり、聖書そのものを読む程度にはヘブライ語も読めたのではないかと推測される。なお旧約聖書が文書化されたといっても、各家庭に備え付けられていたわけではなく、シナゴーグにのみ設置され、礼拝の時に朗読を聞く程度であっただろう（近代になって各国語の聖書翻訳が出回る以前のキリスト教会も同じであった）。

新約聖書の編集

新約聖書には多数の手紙が含まれている（真正パウロ書簡七通、第二パウロ書簡六通、公同書簡七通）。それぞれの手紙がそれぞれの事情に応じて書かれたものであり、思想を体系化するためのものではないのであるから、まとめてしまうことによって逆に失われるものも多くなってしまうかもしれない。バラバラのものを強制的にひとつにまとめなかったことは、古代の人たちの知恵であったと考えたい。*

* それらを内容的にまとめるのは教理学の課題であろう。

復活の喜びを宣べ伝えたパウロであるが、彼は後世に残すつもりで手紙を書いたのではなかった。あくまで、当時それぞれの教会に起こった問題について意見を述べるものであった。当時の慣習としては、訪問して顔と顔を合わせて話すことが基本であったが、事情により訪問できない場合には代替手段として手紙が用いられていた。その意味では、パウロ書簡はその時、その場限りのものであると言ってよい。別の時代、別の場所には必ずしも当てはまらない可能性がある。しかし後にパウロの名が知られるにつれて、「パウロ先生の手紙」もコレクションされるようになった。これらを「パウロ書簡集」(Corpus Paulinum)と呼んでいる。パウロの活動の中心地のひとつであったエフェソ教会などに存在したようである。そこからまたコピーが作られ、各地の教会に配られていく。こうしてパウロの手紙が一定の権威を持ち始めるのである(Ⅱペト三章)。

なお、いくつかのパウロ書簡には、パウロ以後の編集があると考えられている。たとえば第二コリント書は五つの手紙が統合されたものと推定される。またフィリピ書はもともと三つの手紙であったようである。これらは、具体的な写本が残っているわけではなく、内容面での続き具合や文体の変化などを考慮して一世紀の人々が編集したものである。同じ宛先向けのものをひとつにまとめてしまおうとしたのであろう。

福音書については、四福音書をまとめてひとつにしようという動きは早くから存在し、実際に文書も作られている。それが「ディアテッサロン*」である。タティアノス

ディアテッサロン
本書21頁参照。

が編集し、五世紀頃まではシリアにおける標準福音書であった。彼は福音書の節数を三七八〇から二七六九に減らしたという。約三割減である。また方向性はやや異なるが、マルキオンは新約における愛の神を重視するという独自の思想によって、旧約的な神の姿を排除した「編集されたルカ福音書＋パウロ書簡一〇通」からなる「マルキオン聖書*」を作成した。しかし「四福音書」の権威を強調する動きも早くからあり、最終的には四福音書が別個に存在するのが正統信仰となった。

聖書に記された内容を整理することは不可能ではない。キリスト教の教理や信仰告白文の類は、究極の要約と言えるかもしれない。しかし多様な文書があることによって、私たちが豊かな理解の広がりを得られるという利点もある。「聖書が簡略化されたらどのような内容が失われるか」と考えてみるのも面白いだろう。

古代における新約聖書の翻訳

現存する新約聖書の本文が含まれる最古のパピルス写本断片（パピルス五二番。ヨハネ福音書の一部が含まれる）は一二五年頃の作成と推定されており、二世紀の史料である。パウロ書簡の重要な写本*は二〇〇年頃のものとされる。しかしほとんどの新約聖書文書はそれまでに書かれた。すなわち、真正パウロ書簡は五〇年代、福音書は七〇—九〇年代、公同書簡も一〇〇年前後と考えられている*。

新約聖書は早くから各言語に翻訳されていた。比較的早く二世紀頃から翻訳されて

マルキオン聖書
二世紀中頃成立。ただしその内容を直接伝える写本は現存しない。マルキオン（八五頃—一六〇年頃）は小アジア出身の司祭で、ローマで活動した。

パピルス四六番。パピルス写本には珍しく、比較的多くのページ（八六枚）が残っている。

本書15頁参照。

いたものとしては、シリア語訳、コプト語訳、ラテン語訳などが挙げられる。これらの翻訳は統一した組織で行われていたわけではなく、地域ごとに独自に行われたため、各言語内の方言による違いも多数みられる。これらは翻訳の時期が早いゆえに、現存するギリシア語写本よりも古い時代の本文を伝えている可能性があり、ギリシア語本文がどのようなものであったのかを再建するためにも非常に重要である。なおギリシア語新約聖書でしばしば参照されている古代の翻訳は以下の言語である。

（二世紀以降）シリア語、コプト語、ラテン語
（五世紀以降）アルメニア語、ジョージア語（グルジア語）
（六世紀以降）エチオピア語
（九世紀以降）古代教会スラブ語

キリスト教は東方から広まったため、シリア語訳やコプト語訳のほうがむしろ優勢であった。また東ローマ帝国では一五世紀における滅亡までギリシア語聖書がおもに用いられていた。* ラテン語訳は、四世紀にローマ帝国にキリスト教が公認されて以後、西ヨーロッパを中心に広がっていった。現在の東ヨーロッパにあたる地域では、ラテン語訳聖書を用いるカトリック教会による宣教活動が行われた以外に、スラブ人への宣教はスラブ語によって行われていた。従って、ラテン語訳聖書は、決して最初

ギリシア語世界で伝えられていた本文を「ビザンティン本文」と呼ぶ。本書215頁参照。

から支配的な古代訳聖書であったわけではないのである。

キリスト教は言語に基づく宗教であるから、宣教活動が拡大すれば多数の言語に翻訳されていくことになる。それは現在でも続けられているものである。*

* 本書193頁注「世界の聖書翻訳」参照。

ヒエロニュムスのラテン語訳へ

ヒエロニュムスは四世紀末にラテン語聖書（ウルガータ聖書）を完成させたが、それ以前の聖書はどのように広まっていたのであろうか。新約聖書はギリシア語で伝えられていたが、その本文の統一は行われていなかったようである。ギリシア語本文にはいくつかの地域的傾向があり、アレクサンドリアを中心に流布したもの、ローマを中心とするもの、ビザンティウム（コンスタンティノープル）を中心とするものなどが知られている。*初期のキリスト教には「総本山」的な場所がなく、また地中海全般への地理的広がりもあって、ギリシア語本文を統一することは困難であった。

* 本書215頁も参照。

ラテン語訳の聖書についても、各地でそれぞれに訳が作られていた。これらは「古ラテン語訳」（Vetus Latina）と総称されるが、統一された翻訳であったわけではなく、地域による違いが見られる。各古代語への翻訳についても、それぞれが底本として用いた異なるテキストから翻訳するのであるから、翻訳結果も当然異なるものとなる。なお、写本を作成する写字生により言葉の修正・統一が行われていた。中には、文書内や文書間の矛盾が修正されている場合もある。

そもそも公会議の目的は、いまだ発展途上にある教理内容の確認や協議をするものであった。教理は、当然ながら聖書本文に基づいて作られる。新約聖書学者であるバート・アーマンの研究によれば、公会議において対象となる異端に反論するために、根拠となる聖書本文を修正することも行われたという。*そのような変更があったとすれば、新約聖書文書相互に見られる矛盾についても修正があってもよさそうではあるが、実際には行われていないように思われる。修正が許されない「聖なる文書」であると同時に、護教のためには変更も辞さないという融通をも効かせていた、ということになるだろうか。

新約聖書に含まれる文書の間の相違は早くから気付かれており、先述の「ディアテッサロン」のように内容を整理することも行われていた。しかしかなり早い段階から各文書の個別性が重視され、それぞれの記述がそのまま残されるようになった。それは各文書の著者たち（多くは使徒の名前を使っている）の権威が重視されるようになったこともひとつの理由であろう。また聖なる文書に手を加えてはいけないという考えがすでに一世紀末作成の黙示録にも見出される（二二・一八—一九）。このことはすでに修正が行われていたことを反映しているとも考えられる。一世紀から二世紀にかけての新約聖書の文書は、実は私たちが知らない（写本として残されていない）修正をたくさん受けていたのかもしれない。*

Bart D. Ehrman, *The Orthodox Corruption of Scripture*, Oxford, 2011.

先述のマルキオン聖書もその一種と言える。

聖書翻訳の意義

キリスト教は、旧約聖書の内容がイエスにおいて実現したと理解する。それゆえ、旧約聖書の翻訳も重要ではあるが、現代の宣教活動において新たな言語に翻訳する際には、まず新約聖書が翻訳され、その後に旧約聖書が翻訳されるというのが一般的である。* これはもちろん「イエスが語った福音」が重要であるという認識ゆえであるが、キリスト教には旧約聖書のテキストが必要なわけではないという理解のゆえであろう。その点で、最初期の信徒たちの考えと後代のキリスト教徒との考えは異なっていると言えるかもしれない。ともあれ、キリスト教にとって新約聖書文書の翻訳は最も重要であると考えられてきたのである。

新約聖書文書がギリシア語で書かれると同時に、当時の他言語への翻訳も作成されていった。それはギリシア語を共通語とするヘレニズム文化圏以外にもキリスト教が伝達されるようになっていたことを表している。この点で、二世紀以降にはすでにキリスト教が「文書の宗教」となる萌芽が見られると言えるかもしれない。

キリスト教の特徴のひとつは、聖典を重んじる宗教でありながら、特に西方教会では「翻訳」されたテキストを正典として用いたことであろう。東方教会はギリシア語圏にあるため、原語であるギリシア語の聖書が用いられ続けたが、西方教会はラテン語圏にあり、徐々にギリシア語の使用は廃れていった。聖書についても、ラテン語訳されたものをローマ・カトリック教会が用いたことで、ラテン語が聖書の原語であ

世界の聖書翻訳
二〇一九年一月現在、旧新約聖書全体が六九二言語に対し、新約のみであれば一五四七言語に翻訳されている（聖書協会世界連盟〔United Bible Societies〕サイト、二〇一九年一月閲覧。二〇二三年六月現在、掲載終了）。

るかのように扱われていったのである。ウルガータ聖書以前にも個々にラテン語訳は作られていたが、教会の正典として用いるために統一した翻訳を作り出す必要があった。ウルガータ聖書は西方教会の統一という政治的な役割をも担っていたのである。ウルガータ聖書は何度か改訂されており、*現在カトリック教会で用いられているものはヒエロニュムスの翻訳したものそのままではない。ともあれ、第二バチカン公会議（一九六二―六五年）まではカトリック教会の公式聖書はラテン語であり、典礼（ミサ）における聖書朗読もラテン語で行われていたのである。ちなみに、日本のカトリック教会で使われる日本語訳のフランシスコ会訳は一九五八年から分冊として公刊が始まり、最終的に一冊の形で出版されたのは二〇一一年であった。*

ちなみに、新約聖書の現代語訳は、現存する写本を比較してできるだけオリジナルに近い本文を再建したギリシア語聖書を底本とする。四世紀にヒエロニュムスが用いることのできた写本はそれほど質のよいものではなく、現在、底本とされるギリシア語聖書の本文とは異なっていた。それゆえ、近代以降に聖書の写本校訂が始まると、ウルガータ聖書の本文と異なることに研究者たちはすぐに気づいた。しかし、ウルガータ聖書と異なる本文を出版することはカトリック教会に異議を訴えることに等しいことであった。それゆえ、近代初期の聖書学者たちはウルガータ聖書にほぼ沿った本文、「公認本文」（Textus Receptus テクストゥス・レセプトゥス）との戦い*を強いられたのである。

ウルガータ聖書の改訂　最新の改訂版 Nova Vulgata は一九七九年に出された。教皇庁のサイトで公開されている。

カトリック教会は日本聖書協会の新共同訳（一九八七年）の使用も公認している。

「公認本文」との戦い　本書215頁参照。

公認本文は、たとえば欽定版英語訳（King James Version, 1611）でも用いられているため、現在の翻訳聖書とは異なる点がいくつも見られる。有名な箇所は「コンマ・ヨハンネウム」（Comma Johanneum）と呼ばれるもので、第一ヨハネ書五章七―八節に含まれていた「天において証言する者は父、みことば、聖霊の三つであり、これら三つは一つです」という言葉である。これがウルガータ聖書に含まれていることで三位一体の教理の根拠箇所と見なされていたのである。エラスムス*は当初この部分を自身の校訂本からは省いていた。ところがカトリック教会側からこの部分が含まれるとするギリシア語写本（実際には捏造されたと推測される）を提示されて、のちの版では「疑わしい」と注をつけながらも本文に取り入れたのであった*。

イスラームの聖典『クルアーン』は、原語であるアラビア語のみを正しいものと見なし、翻訳はすべて解釈であるとしている。よく知られたイタリア語の「翻訳者は裏切り者である」（Traduttore, traditore）という言葉を引くまでもなく、翻訳によって元々の言葉の内容を正しく伝えることは難しいことを考えれば、これは望ましい姿勢であるかもしれない。翻訳によって、より多くの人々が聖書の言葉に直接触れることができるようになった。聖書の解釈が広く行われるようになったことで、聖書のもつ内容の豊かさがより増したと考えることもできるだろう。

エラスムス
ギリシア語新約聖書の印刷本を発行した。本書213頁参照。

蛭沼寿雄『新約本文学史』山本書店、一九八七年（復刻版「蛭沼寿雄著作選集第三巻」新教出版社、二〇一一年）参照。

古代の翻訳者たち

ほとんどの古代語訳については、訳者が誰であったかはわからない。例外はラテン語訳のヒエロニュムス、またスラヴ語訳のキュリロスとメトディオス（九世紀）くらいである。各地で自分たちの必要に応じた翻訳が作られていったのである。訳者の名前が残されていないのは、「神の言葉」を伝えるのに自分の名前を出す必要はなく、むしろ邪魔となるものである、という考えがあったのかもしれない。

また読者については、識字率から考えて、古代の人が「読める」ことはほとんどないが、これらの翻訳は聞いて理解できるものではあっただろう。もっとも典礼の言語は別で、古い時代のものがそのまま伝えられ、現代にも残されている場合が多い*。

現代の宣教において、まず聖書（特に新約聖書）を現地語に翻訳することから始められる。宣教師は現地語の研究を行い、聖書の翻訳も作っていく。現代においては、もちろん多くの人が読めるもの、となる*。これもキリスト教が「神の言葉」の宗教であるからこそ、皆が読めるものを準備することを目指すからである。

キリスト教は「書物の宗教」であり、現地語訳の聖書によって、その地の人々自身が聖書を理解できるようにするという伝統がある。そのために多くの人々が聖書の翻訳に尽力してきたのであり、日本語訳の聖書についても同様である。「自分の言語の聖書を個人で所有することができる」というのは当たり前のことではない。キリスト教信仰はその歴史において数多くの人々を翻訳に駆り立ててきた。その熱意はどこに

古代教会スラブ語、ラテン語など。文語訳の日本語式文もそれに当たるかもしれない。

聖書協会共同訳の翻訳方針は「義務教育を修了した日本語能力を持つ人を対象とする」となっている。「聖書　聖書協会共同訳について」日本聖書協会、二〇一八年、一六頁。

由来するのであろうか。

失われた文書群

初期キリスト教時代に作られた文書は、現在私たちが手にしている「新約聖書」に含まれる二七文書だけではなかったはずである。残念ながら、それらの文書のほとんどは残されていない。つまり、最初期の文書の中で重要と見なされ、写しが作られたものだけを私たちは手にしていることになる。逸失してしまった文書――福音書のような半ば公的な文書であれ、パウロ書簡のような個人的な書簡であれ――がどれくらい存在したか、推測のしようもない。最初期の文書が残されていないことから、実は最初期のキリスト教は私たちが現在理解しているようなものではなかった可能性も十分にあるだろう。

文書が保存されていない理由は複数考えられる。皮紙のような保存性の高い用紙は高価であり、貧しい信徒が多かったと考えられる最初期キリスト教会では用いることが困難であったろう。皮紙より安価な紙はパピルス紙であるが、これは保存性が低い。パレスチナや小アジアといった地域では早々に腐敗・消滅してしまったのであろう。

近い時代である紀元前後頃に制作された死海文書*は、その多くが皮紙で作られているが、それゆえにユダの砂漠でも耐えて残存した。ユダヤ教では皮紙で聖なる言葉

死海文書
一九四七年に死海近辺の洞窟で発見された、旧約聖書を含む文書群。全体の日本語訳が刊行中（ぷねうま舎、二〇一八年―）。

（旧約聖書）の巻物を作ることがすでに普及していたが、最初期のキリスト教はまだ自分たちの聖なる文書（新約聖書）を持っていなかったため、耐久性のある紙に書かねばならないという意識はなかったであろう。

また最初期のキリスト教では、一世紀末に至っても終末意識が非常に高かったゆえに、いずれ終末が来るのであれば、永続する文書として自分たちの記録を残そうという意識は低かったと考えられる。

なおパピルス写本はエジプトで発見されることが多い。キリスト教は二世紀以後にシリアやエジプトといった地域にも広がっていくが、エジプトの非常に乾燥した砂漠という環境によって、パピルス写本のような脆い文書も現代まで残り続けた。エジプトに文書が残存していたのは、かの地では修道制が早くから広がっていたことも影響している。人里から離れた砂漠の中に建てられた修道院が多かったため、そこで作られた文書が修道院の消滅後もそのままそこに残り続けたのである。もしエジプトでキリスト教が普及していなかったとしたら、私たちが手にすることのできた文書ははるかに少なかったことであろう。

外典・偽典とはどのようなものか

新約聖書以外の最初期キリスト教文書は「新約外典」（New Testament Apocrypha）と呼ばれている。* それは福音書や行伝（言行録）や手紙、また黙示録などを含んでい

外典・偽典
旧約には「外典」と「偽典」の二種類があり、「新約外典」は「旧約偽典」に対応する。また「使徒教父文書」は定義上は新約外典であるが、「使徒教父」という特別なくくりが用いられる。

る。「新約聖書以外」という定義上、それら文書の数を確定することはできないが、たとえば荒井献編『新約聖書外典』*に掲載されているリストでは、福音書四二件、行伝六件、手紙四件、黙示録一一件が（断片的なものも含めて）挙げられている。

荒井によると、写本が作られた時代は二―七世紀頃で、自筆本が書かれたのは二―五世紀と考えられているものが多い。いずれも自筆本は残っておらず、写本のみが伝えられている。また多くは断片であり、文書全体が残っていることはあまりない。「これを正典に入れるのはいかがなものか」というような内容が多い。奇跡はより強調され、荒唐無稽とすら言えるものが多くなっている。またイエスを神とすることが大前提となる。新約文書の多くがイエスについて実は曖昧な言及にとどまっていることが、新約外典と比較するとよくわかる。ただし、古代教会の正典リストに載っていたものも若干含まれる。西方教会において正典が確定したのは四世紀末であり、それまではリストにも揺れがあったのである*。

以下、いくつかの文書を紹介しよう。

＊　＊　＊

トマス福音書

トマス福音書*は、「第五福音書」と呼ぶ人もいるほど重要な文書である。一九四五年、エジプトのナグ・ハマディにある修道院跡から文書集が発見された。このこと

荒井献編『新約聖書外典』講談社、一九七三年（講談社文芸文庫、一九九七年）。巻頭には新約外典についての概説が収録されている。日本聖書学研究所編『聖書外典偽典』教文館、一九七五―一九八二年。

正典化の過程
本書18頁参照。

トマス福音書
トマス福音書の日本語訳は複数存在する。荒井献『トマス福音書』講談社学術文庫、一九九四年が代表的。なお荒井訳に対する批判的な訳として戸田聡「翻訳 トマスによる福音書」『古代キリスト教研究論集』北海道大学出版会、二〇二一年、一一三―一三五頁。

から「ナグ・ハマディ文書*」（Nag Hammadi Codices）と呼ばれ、旧約聖書学における死海文書の発見と並ぶ、新約聖書学における大発見とされる。それは、この文書群は「グノーシス思想」を直接に証言するものだからである。それまでグノーシス主義として知られる思想は、教父たちの著作に含まれる引用のみで伝えられていた。しかし教父たちが論敵の主張を正しく伝えているかどうかはわからなかった。ナグ・ハマディ文書によって、私たちはグノーシスと呼ばれる思想の一次資料を手にすることができるようになったのである。

トマス福音書のインパクトが大きかった理由はいくつかある。

①共観福音書研究において「Q資料」と呼ばれる、マタイ・ルカ共通でマルコにない部分として仮定されている資料は、イエスの語録集であると推定されていた。トマス福音書は、まさにイエスの語録であった。しかも「福音（書）」という表題がつけられていた。これはQ資料仮説*を大いに支持するものとなっている。なおトマス福音書がQ資料そのものではないか、という見解もあったが、内容はグノーシス的なものであるため、その可能性は排除されている。

②トマス福音書には一一四のイエスの語録が収められているが、その中には共観福音書とほとんど同じものも含まれている（以下、引用はすべて荒井献訳）。

　イエスは言われた。「貧しい人々は幸いである。天の国はあなたがたのもので

ナグ・ハマディ文書
荒井献・大貫隆編『ナグ・ハマディ文書』全四巻、岩波書店、一九九七－一九九八年および荒井献編『グノーシスの変容　ナグ・ハマディ文書・チャコス文書』岩波書店、二〇一〇年（抄録版は荒井献他編訳『新約聖書外典　ナグ・ハマディ文書抄』岩波文庫、二〇二二年）。

Q資料仮説
本書22頁参照。

あるから」。

（語録五四　マタ五・三、ルカ六・二〇）

イエスは言われた。「収穫は多いが、働き人が少ない。だから、主人に願って、収穫のために働き人を送り出すようにしてもらいなさい」。

（語録七三　マタ九・三七—三八）

イエスは言われた。「狐にはその穴があり、鳥にはその巣がある。しかし、人の子には、その頭を傾け、安息する所がない」。

（語録八六　マタ八・二〇）

これらの言葉は、トマス福音書が共観福音書と共通する伝承を用いている可能性を示唆する。ただしトマス福音書の成立は二世紀と考えられているので、単に既存の福音書の内容を踏まえただけであるとも考えられる。

③共観福音書とほとんど同じであるが、独自の解釈を加えているものがある。これらはイエスの言葉がどのように理解されたかを示すものである（傍線は引用者による）。

弟子たちはイエスに言った。「天の国はどのようなものであるか、わたしたちにおっしゃってください」。彼は彼らに言われた。「それはどの種よりも小さい一粒のからし種のようである。しかし、耕された土地に落ちると、それは大きな枝をはり、空の鳥の隠れ場となる」。

（語録二〇　マコ四・三〇―三二）

イエスが言った、「御国は百匹の羊を持つ羊飼いのようなものである。それらの中の一匹、最大の羊が迷い出た。その人は九十九匹を残しても、それを見つけるまで、一匹を捜した。彼は苦しみの果てに羊に言った。『わたしは九十九匹以上にお前を愛する』と」。

（語録一〇七　マタ一八・一〇―一四）

共観福音書では語録二〇の「耕された」に相当する表現はない。この含意は、「良い土地に落ちれば大きくなる＝良くない土地に落ちても成長しない」ということであろう。語録一〇七は「百匹の羊のたとえ」であるが、迷い出た一匹を探しに行く理由として、それが「最大の羊」であったから、つまり最も大切なものであったからだとしている。それゆえ、最後には「九十九匹以上にお前を愛する」という言葉も付加されている。これらの付加によって、これらのたとえはよりわかりやすくなっている。このことから、イエスのたとえの原意が既に二世紀においてわからなくなっていたことがうかがえる。

④トマス福音書は独自の語録で独特の思想を表している。多くはグノーシス的な理解を示していると考えられる。

イエスは言われた。「単独である者たち、選ばれた者たちは幸いである。あなたがたは神の国を見出すであろうから。あなたがたはそこから出て来たのであるから、再びそこに帰るであろう」。（語録四九）

イエスは言われた。「この世を知るにいたった者は、屍を見出したのである。そして、屍を見出した者に、この世はふさわしくない」。（語録五六）

イエスは言われた。「この世を知った者は、身体を見出した。しかし、身体を見出した者に、この世はふさわしくない」。（語録八〇）

「単独である者」という言い回しはグノーシス文書にしばしば見られる表現で、この世になびかず、真理を理解する者たち、といった意味と捉えられている。グノーシス的理解では、「あなた方はそこから出て来た」（語録四九）に見えるように、人間はそもそも良い存在であり、自分の内に真理を持っている。ところがそれは隠されているので、悪いことしかできなくなっている。イエスはその真理に気づかせる存在として現われた、と考える。それに気づいた時には、この世にある肉体としての存在はもはや意味をなさず（「屍を見出した」語録五六）、いわば魂がその故郷である神に戻るとする（語録八〇「身体」はこの世的な肉体ではない「真の身体」という意味であろう）。

肉体と精神という二元論ならびに肉体の否定はグノーシス思想の特徴として知られており、ここでもそれが明示されているのである。

イエスは言われた。「私は彼らすべての上にある光である。私はすべてである。すべては私から出た。そして、すべては私に達した。木を割りなさい。私はそこにいる。石を持ち上げなさい。そうすればあなたがたは、私をそこに見出すであろう」。

（語録七七）

人々がイエスに金貨を示し、そして彼に言った。「カイサル（＝カエサル）の人々が私たちから貢を要求します」。彼が彼らに言った。「カイサルのものはカイサルに、神のものは神に返しなさい。そして、私のものは私に返しなさい」。

（語録一〇〇）

語録七七の前半はヨハネ福音書やコロサイ書と似た内容を含んでいる。後半では、木の中や石の下にイエスがいると述べており、汎神論的な傾向が見られる。語録一〇〇では有名な「神のものは神に」の後に、「私（＝イエス）のものは私に返せ」という言葉が付け加えられている。グノーシスの世界観*では、旧約聖書の神は「デミウルゴス」と呼ばれ、悪い存在と見なされている。それに対してイエスを派遣した存在

*グノーシス主義の世界観
本書78頁参照。

は、正しい存在である「ソフィア」とされる。つまり、「神のものは～」ではデミウルゴスに返すことになるが、そうではなく真の存在であるソフィアに返さねばならない、と主張しているのである。

トマス福音書は初期キリスト教時代における新約聖書以外のイエス理解を知るための貴重な資料であり、正典の思想を理解する上での比較資料としても重要なものとなっている。これを読むことで、正典福音書の意図がよりはっきりと見えてくるのである。

ユダ福音書

「ユダ福音書」の名前は、教父の言及によって知られていた。しかし写本は見つかっていなかった。ところが二〇〇六年、突如ユダ福音書の写本が発見されたことが話題になった。この写本はおそらくエジプトで発見されたものであると思われるが、その後の経緯については不明なところが多い。「ユダ」は裏切り者ユダのことであり、その話題性もあいまって、発見はセンセーショナルに報じられ、一般向けの解説書もいくつか出版された。学術的な校訂本文も日本語訳が出ている。*

内容的には、ユダはイエスによって高く評価されていた弟子であるという立場を取っている。またグノーシス的な思想に基づいて、ユダはイエスによって真理を理解し、天の光に至る、と主張しているようである。ユダについて、古代から人々はさま

ユダ福音書
荒井献編『グノーシスの変容　ナグ・ハマディ文書・チャコス文書』岩波書店、二〇一〇年所収。別の邦訳としてJ・ファン・デル・フリート『解読　ユダの福音書』戸田聡訳、教文館、二〇〇七年。ハーバート・クロスニー『ユダの福音書を追え』関利枝子他訳、日経ナショナルジオグラフィック、二〇〇六年など。

ざまに興味を抱いていた。そのひとつの形が「ユダ福音書」である。

トマスによるイエスの幼時物語

正典福音書に欠けている内容で代表的なものは、イエスの幼児期から青年時代であろう。イエスの誕生物語に続けて、ルカ福音書に一二歳のイエスについての短いエピソードがあるものの、その後は公生涯の始まる三〇歳頃に話が飛んでいる。イエスの子ども時代はどのようであったのかという人々の関心が、この文書を生み出した。作成は二世紀末頃と推定されており、人気があったようで古代でも多くの言語に訳されている。

この文書には五歳から一二歳にかけてのイエスに関するエピソードが集められている（青年期については記述なし）。イエスが五歳の時、遊んでいて泥をこねて雀を作った。それは安息日のことだったので、あるユダヤ人が父ヨセフに苦情を申し立てた。ヨセフがイエスを叱ると、イエスは手をパンと打った。すると雀は鳴きながら飛んで行ったという。また、イエスが歩いていると、子どもが走ってきて肩にぶつかった。イエスが怒って「お前はもう道を歩けない」と言うと、その子どもは忽ち死んでしまったという。また家庭教師をつけられたとき、「お前はアルファ*も知らないのに私に教えようというのか」と批判する。六歳の時には、一粒の麦を撒くと、四万リットルの収穫があったという。

＊アルファ
ギリシア語のアルファベットの最初の文字。「私はアルファでありオメガである」（黙一・八）という表現とも関係しているだろう。

これらはあまりに荒唐無稽な物語であり、正典に入らなかったのも無理はない。子どもを殺してしまったり、教師をやりこめたりと、単なる嫌な子どもでしかない。しかし、「イエスをどのような存在として見たかったのか」という観点からは興味深い。幼い時からイエスには神のような力があったということを示すのは、いわゆる「キリスト養子論*」への反駁である。また、「すごい人物は幼い時から優れた力を持っていた」という一般的な観念が反映されているとも言えるであろう。

キリスト養子論
イエスは初めは人間として生まれたが、宣教活動に入る際、洗礼を受けた時に神の子となったという説。

ヤコブ原福音書

「原福音書」はギリシア語「プロト・エウアンゲリオン」の訳であるが、これはその他の福音書の資料となったという意味ではなく、正典福音書以前の内容ということのようである。副題「いとも聖なる、神の母にして永遠の処女なるマリアの誕生の物語」が示すとおり、これはイエスの話ではなく、イエスの母マリアの誕生からイエスの出産までを述べた物語である。確かに、正典福音書ではマリアの生まれ等に関する話は扱われていない。イエスに対する興味は、特にその処女降誕の物語とあいまって、マリアの来歴への関心へと拡大していったのである。二世紀末頃に作られたと推定される。

マリアの父ヨアキムと母アンナには子どもがいなかった*。そこで神に祈ると、子の誕生が約束される。マリアは三歳から神殿に預けられて成長し、一二歳になったとき

子どもがなかなか生まれない夫婦は旧約聖書に頻繁に見られるモチーフ（本書34頁参照）。

に祭司たちはマリアのために夫を募る。ヨセフもやってきて、杖を手に取ると、杖から鳩が出てヨセフの頭に止まった。*ヨセフはマリアを、妻としてではなく、保護することになる。*人口調査のために二人はベツレヘムに向かうが、その途中でマリアが産気づいたために、洞窟を見つけ、そこでイエスを出産するのである。イエスの出産場面は、マタイ・ルカ両福音書では家ないし家畜小屋であるが、ここでは洞窟となっている。絵画等でイエスの生誕場面が洞窟になっているものがあるが、それはこの文書に基づいた情景なのである。

マリアの位置付けをめぐっては、歴史上さまざまな伝説や教理が作られてきた。*その最初期のものとして、ヤコブ原福音書は重要な位置を占めている。もちろん史実を伝えるものではないが、人々の関心のありかを知る文学的作品として興味深いものである。

ペトロ福音書

一九世紀末に、エジプトにあった修道士の墓から発見された。二世紀半ばの作とされる。「福音書」と呼ばれるが、現存するのは受難から復活・顕現に至る部分のみである。本来はおそらくもっと長く、イエスの公生涯も含んでいたであろう。

この文書で興味深いのは復活の場面で、イエスの墓の石が自然に転がり、三人の人が出てくるところである。二人はイエスを支える天使たちでその頭は天まで届き、イ

杖は神意を占うためのもの。鳩は聖霊の象徴。

ヨセフとマリアは結婚しないことになり、マリアの処女性が保たれる。本書ではヨセフが老人であるという設定になっているが、やはり処女性の確保のためであろう。

マリアの位置付け
カトリックにおける教理化は一九世紀以降。たとえば無原罪の宿りは一八五四年、被昇天は一九五〇年に教理化された。

エスの頭は天を突き抜けていた。イエスの後には十字架がついてくる。そして天から声が聞こえ、「あなたは眠っている人にも宣教したか」と問う。それに対して十字架が「はい」と応えたという。これは新約正典では第一ペトロ書のみに記されている、死者への宣教（三・一九）についての言及である。キリストを信じないままで死んだ人々は救われるのか、という点への関心が、復活者自身に語らせるよう拡大していることがわかる。

トマス行伝

使徒たちの業績を記録した行伝には、ヨハネ行伝・ペテロ行伝・パウロ行伝（パウロとテクラの行伝）・アンデレ行伝など、有力な使徒の名前を冠したものが知られている。「トマス行伝」は、トマスがインドに伝道した際の記録である。トマスはインド伝道の創始者とされている。インドでは「トマ」と呼ばれ、その名前を付した教会や神学校などが今でも多数ある。この文書は三世紀の成立と考えられる。

トマス行伝には「真珠の歌」（一〇八―一一三節）と呼ばれる有名な歌がある。真珠を探す旅に出た王子が、旅の中で旅の目的を忘却してしまうが、父からの手紙により本来の使命を思い出し、無事に真珠を見つけて帰ってくるという一種の英雄譚である。この歌には、この世界に生きている人間は本来持っているはずの真理を忘れているが、使者（＝イエス）によってそれを思い出し、天に帰るというキリスト教グノーシス思想が反映しているとされる。

パウロの黙示録

パウロの黙示録は四—五世紀の成立と考えられる。地獄の描写では、迫害者というよりも、信徒でありながらもふさわしくない者たちへの罰が述べられる。新約外典の黙示文学においては、死後の人々の有様、つまり天国にいる信徒たちの素晴らしさと、地獄にいる不信者・迫害者たちの苦しみが描かれる傾向がある。信仰熱心な者たちは天国で苦労なく生きている。しかしその描写はどうしても精彩に欠ける。楽しいことはそれほど絵にならないのである。むしろ地獄の描写はより具体的である。不道徳な人たちはそれぞれに見合った罰を受け、迫害者たちは永遠の刑罰を受け続ける。このように説くことによって、読者が被っている苦難に耐えさせようとしたのであろう。

たとえば、煮えたぎる火の川があり、膝まで、へそまで、唇まで浸かっている者たちがいる（三一節）。膝まで浸かっているのは、教会から出て行って、関係のないおしゃべりにうつつを抜かしていた者たち、へそまで浸かっているのは、聖餐に与《あずか》りながら姦通をしていた者たち、唇まで浸かっているのは、教会に来ながら互いに中傷し合っていた者たち、といった具合である。信徒になるだけで救われるのではなく、教会内外での振る舞いが問題とされているのは、当時の信徒たちの実際を批判しているのであろう。教会内における倫理的問題が重要視され、地獄の恐ろしさによってそれを改めようとしているのである。

新約外典は、「聖書」として読むにふさわしいとは言い難い。しかしそれぞれの文書が記された当時の信徒たちの様子を垣間見ることができるという点で興味深いものである。これらの文書を読むことによって、初期キリスト教時代を多面的に理解することができるだろう。

第10章　新約聖書本文の研究と聖書翻訳

新約聖書本文の研究史

最後に、新約聖書本文の研究はどのように進んできたのかを紹介しよう。日本における新約聖書本文学者である蛭沼寿雄は次のように述べている。

> 印刷本を作成するということに当面して始めて、真の意味における本文研究が開始されたと言うことができるであろう。*

一六世紀に印刷術が発明される以前には、聖書は手で書き写されていた。そこには写字生による意図的・非意図的な間違いが含まれていた。つまり、一〇〇〇年以上にわたって蓄積された「多様な本文」が伝えられていたのである。印刷という方法を使うようになると、同じものを数多く容易に作成できる。すると、写本によって異なる部分について、「どの本文を印刷するか」という問題が生じてきた。ラテン語聖書、

蛭沼寿雄『新約本文学史』（蛭沼寿雄著作選集第三巻、新教出版社、二〇一一年）一頁。

つまりウルガータ聖書については、教会で使われているものはある程度統一されていたが、問題はギリシア語聖書であった。ルネサンスにおける西洋古典の重視の中で、新約聖書のギリシア語版が脚光を浴び始めると、研究者たちは伝えられてきたギリシア語本文の多様さに当惑したのである。

以下において、代表的な新約聖書本文研究者とその功績を見ていこう。

エラスムス

（Desiderius Erasmus, 蘭、一四六九―一五三六年）人文主義者として知られる。独自にギリシア語写本を収集し、より優れた本文と考えられるものを取捨選択し、一五一六年に新約聖書ギリシア語本文を印刷刊行した（最後の第五版は一五三五年）。この点で、新約聖書本文学はエラスムスから始まると言ってもよい。とはいえ、エラスムスが参照できた写本は一〇点に満たず、入手できたギリシア語写本にはヨハネ黙示録二二章一六―二一節がなかったため、自身でラテン語からギリシア語に翻訳したという。つまり古代のギリシア語本文ではないわけである。なお、ヒメネス（スペイン、一四三七―一五一七年）はエラスムスよりも先にギリシア語聖書を作成していたが、出版許可等で出版が遅れ、エラスムスに先を越された。*

＊蛭沼『新約本文学史』一一三―一一七頁。

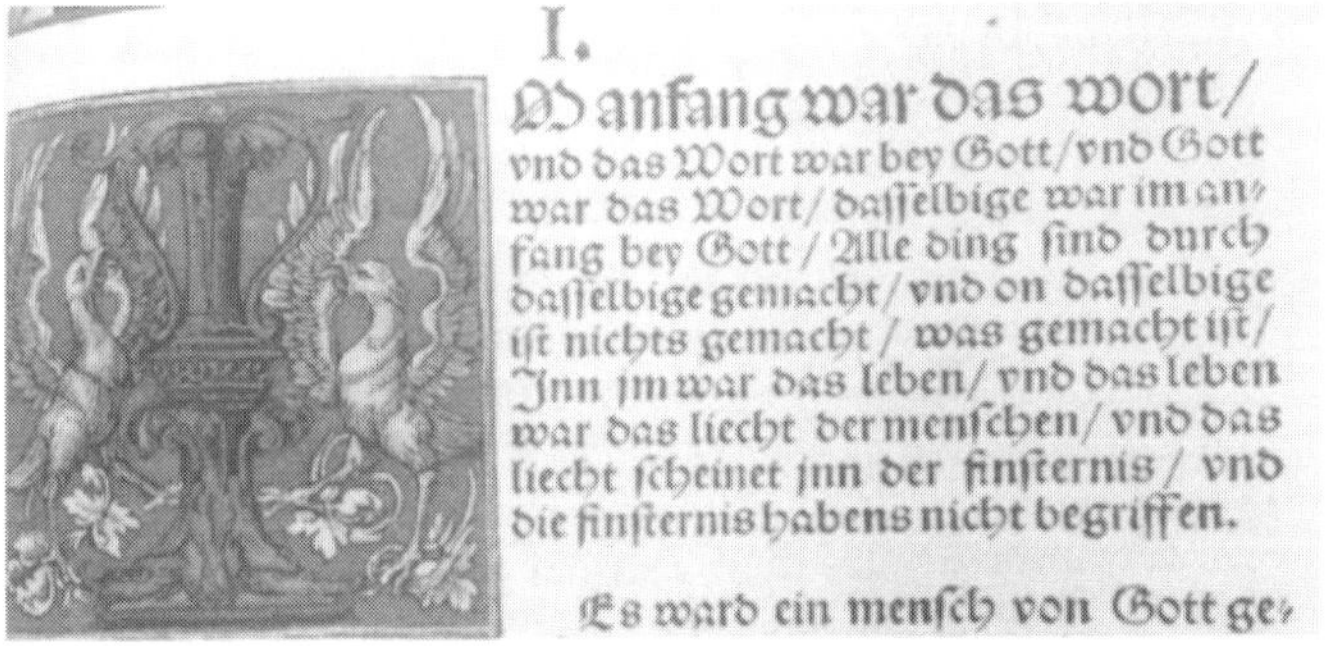
I.
Im anfang war das wort/
vnd das Wort war bey Gott/ vnd Gott
war das Wort/ daſſelbige war im an-
fang bey Gott/ Alle ding ſind durch
daſſelbige gemacht/ vnd on daſſelbige
iſt nichts gemacht/ was gemacht iſt/
Inn jm war das leben/ vnd das leben
war das liecht der menſchen/ vnd das
liecht ſcheinet jnn der finſternis/ vnd
die finſternis habens nicht begriffen.

Es ward ein menſch von Gott ge-

図22　節番号のない、ルター訳ドイツ語聖書（1534年版）

エティエンヌ

（Robert I. Etienne, 仏、一五〇三―一五五九年）ラテン語名で「ステファヌス」とも呼ばれる。印刷業者兼書店を経営した。本文に複数の「読み*」がある場合、本文としてはひとつだけしか収載できないが、その他の読み、つまり異読、異文（variant）についても読者に情報を提供することが望ましい*。エティエンヌの印刷したギリシア語新約聖書は、異文に関する情報を欄外につけた最初のものである。また、節番号を付与した聖書もこれが最初で（一五五一年）、ルター訳のドイツ語聖書にも初めは節がなかった（図22）。時々奇妙に見える節区分があるが、それはエティエンヌが馬に乗って旅をしながらこの作業をしているときに、馬がゆすぶったためにペンが滑ったからだという伝説がある。

読み
写本にみられる本文表記。

聖書協会共同訳の欄外につけられた「異」は「底本以外の読み」を示す。

(Bonaventura Elzevir, 蘭、一五八三―一六五二年)「エルゼビア」とも呼ばれる。現在まで続く学術出版社の名としても知られる。一六三三年に出版したギリシア語新約聖書の序文から、「公認本文*」という名称が生まれた。もともとは出版社の売り文句であったものが、「正しい本文」と見なされてカトリック教会で採用され、実に一九〇四年に至るまで権威をもって用いられることになった。一九〇四年までの一般的な翻訳の多くがこの公認本文に基づいており、日本語聖書の明治文語訳もそれに含まれる。なお、エルゼヴィールのギリシア語本文はエティエンヌのものとほぼ同一で、五世紀以降の東方の写本に基づいているとされ、本文の評価は低い。ギリシアを中心とする東方で伝えられてきた本文を含む「ビザンティン本文」と呼ばれる。ラテン語が中心となった西方と異なり、東方ではギリシア語のまま新約聖書が用いられたていたため、長期間にわたって変化を続けていたゆえに、本文批評上の価値は低いと見なされている。

これ以後、新約聖書本文学者は公認本文の権威と戦うことになる。

ミル

(John Mill, 英、一六四五―一七〇七年) オックスフォード大学の聖書学者で、ミルの印刷したギリシア語新約聖書は、三万におよぶ異文資料をつけたものであった(一七〇七年)。それゆえ「新約本文学の基礎を据えたものとして記念碑的意味を有する」

公認本文
本書27頁、194頁参照。なお、欽定版英語訳で底本となったのはエティエンヌの刊本である。

と言われる。[*] ギリシア語新約聖書写本への関心が高まり、古代の写本が広く収集されるに従って、それだけ多数の資料が集められ、異文が多数発見されていたのである。

ベンゲル

(Johann Albrecht Bengel, 独、一六八七―一七五二年) 著名な敬虔主義者で、新約聖書注解『グノーモン』を執筆した。ベンゲルは本文批評の原則を確立した。それは「本文の証拠は、その数ではなく質を考慮すべき」というものである。ギリシア語新約聖書の出版が盛んになり、ギリシア語写本の探索熱が高まると、各地から写本が収集され、その数が増えてきた。しかし当然ながら、写本は教会や修道院で使われるものであり、古くなった写本は破棄されたりする。それゆえに現存するものの多くは時代的により新しいものである。つまり「たくさんある写本の読みはよい読みである」という多数決の原理が当てはまらないことがわかってきた。そこでベンゲルは「本文の証拠は写本の数ではなく写本の質を重視すべきである」という本文批評の基準を提起した。すなわち、より古い時代のパピルス写本や大文字写本に見出される読みが重視されるべきとしたこの基準は、現在でも有効である。写本の作成年代を重視する観点は、本文批評の「外的基準」とも呼ばれる。なお「内的基準」は、本文の内容面を重視するものである。

中世以降の写本(特に小文字写本)の本文は互いによく似ており、総称して「ビザ

* 蛭沼『新約本文学史』五二頁。

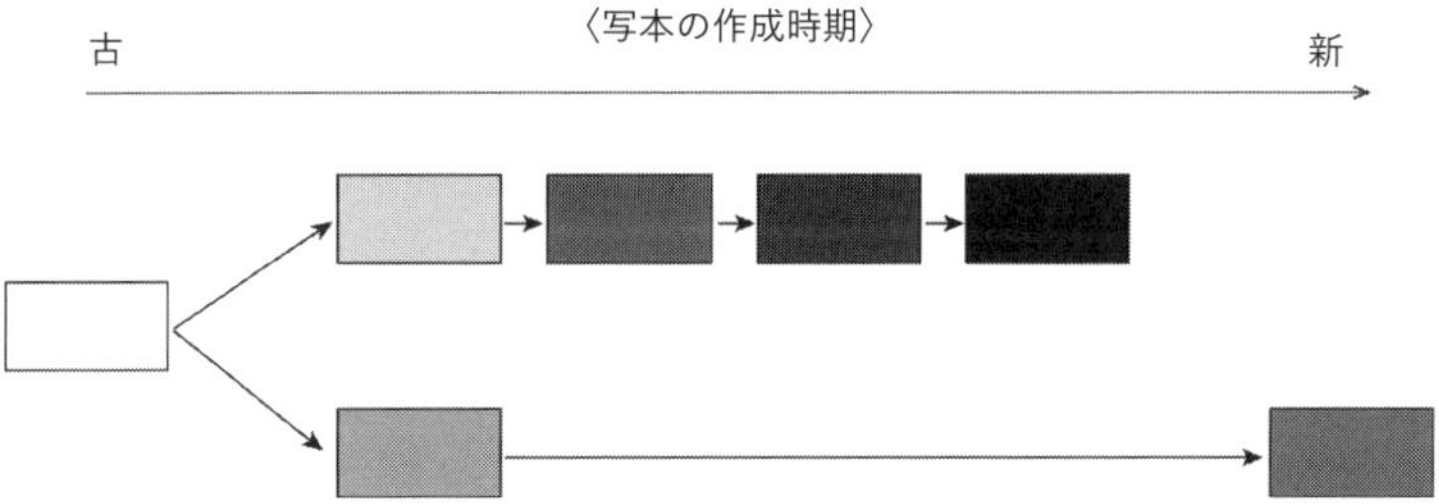

図 23　本文の劣化（作成年代が新しくてもより古い本文を伝えている例）

ンティン本文」と呼ばれる。これはパピルス写本や大文字写本よりは質の低い本文と見なされている。ビザンティン本文こそがよりオリジナルに近いと主張する人たちもいるが、それは公認本文を支持する目的であることが多く、しばしば神学的にはより保守的な立場である。

またベンゲルは「難しい異文は易しい異文に優先する」という基準も打ち立てた。これは、写字生が自分でよくわからない表現をわかるものに直しがちであるということに基づいている。より難解な内容がより古い、と言うことができる。つまり、再建された本文はより難しくなってしまうということでもある。このルールは絶対ではないが、蓋然性の高い基準として受け入れられている。

もっとも、「より古い写本はより古い本文を伝えている」とは一概に言えないことにも注意せねばならない。図23にあるように、「どの写本から写されたか」が重要だからである。より古い写本でも、何度も写されて間違いが蓄積している場合もあり、より新しい写本でも質のよい写本から写されたものであればより古い本文を伝えている可能性があるからである。いずれにせよ「写本の作成年代のみに頼らず、本文の内容を考慮する」という点が重要であることは変わらない。

ヴェットシュタイン

(Johann Jakob Wettstein, スイス、一六九三―一七五四年)ヴェットシュタインは一七三〇年の著書において、新約聖書本文研究の基準を明示した。その例として、「公認本文は権威がない」「より良い、より明瞭な読みは怪しい」「より詳しい読み方は怪しい」などが挙げられる。この時代に公認本文に権威がないと発言するのは教会(特にカトリック教会)に反旗をひるがえすことであった。彼もギリシア語新約聖書を刊行したが(一七五一―五二年)、匿名であった。そこには教父・古代訳・既刊の刊本の証拠も資料として掲載し、資料の幅を広げたことで高く評価されている。

グリースバッハ

(Johann Jakob Griesbach, 独、一七四五―一八一二年)イエナ大学教授であったグリースバッハは写本伝承について、アレクサンドリア・西方・コンスタンティノポリスの三つの型を想定し、それぞれのグループにおいて別々に伝承がなされたと考えた。また本文批評の一五の基準を作成した。それらは「より短い読み方を重視する」のように他の研究者たちと共通する内容が多い。さらにドイツで初めて、公認本文を離れた新約聖書を出版した（一七七五―七七年初版）。彼もまた、ギリシア教父や古代訳（ゴート語・アルメニア語・シリア語）を参照している。これは聖書に限らない古典文献学一般の発展にも影響されたものである。

ラッハマン

（Karl Konrad Friedrich Wilhelm Lachmann, 独、一七九三―一八五一年）ラッハマンは公認本文から完全に絶縁した新約聖書を出版した（一八三一年初版、一八四二／五〇二版）。それゆえ、ここに新約聖書本文学の新しい時代が訪れたと見なされる（もっとも、教会では引き続き公認本文が用いられていた）。彼は小文字写本を証拠として使用しないという判断に立って校訂を行った。現在では小文字写本にも重要な読みが伝承されていることが知られており、これはやや極端な立場ではあるが、信頼性が高いパピルス写本と大文字写本に限って基準とするという方向性は現在でも引き継がれている。

またラッハマンは新約聖書本文学の目標を「最古の本文」とした。それは「オリジナル」（自筆本の復元）を目指すのではなく、写本によってたどることが可能な四世紀末の本文再建を目指す、というものである。福音書記者やパウロが書いた本文を再建することが究極の目標ではあるが、資料がない以上、それは現実には不可能であるという認識に立ち、可能な限り古い本文に遡るという考えは学問的には誠実な立場であると言えるだろう。

ティッシェンドルフ

（Friedrich Constantin von Tischendorf, 独、一八一五―一八七四年）ティッシェンドルフは一八五九年にシナイ写本（Codex Sinaiticus）を発見したことで知られている。シナイ写本は四世紀の大文字写本で、本文批評では最重視される写本のひとつ。当時、多くの学者たちが写本を求めて中東を旅していた。シナイ半島の聖カタリナ修道院で修道士が暖炉にくべていた紙片に文字が書かれていることに気付き、それが新約聖書の写本であると見抜いて焼くのを止めさせたという発見エピソードは有名であるが、実はかなりの脚色があるのではないかと言われている。彼は『ギリシア語新約聖書』を出版したが（一八六九／七二年第八版）、それは当時における異文資料の決定版とされる。ティッシェンドルフは「最良の本文」を探求することを目的とした。原本にできるだけ近いもの、ということであろう。

ウェストコット＝ホート

（Brooke Foss Westcott, 英、一八二四―一九〇一年／Fenton John Anthony Hort, 英、一八二八―九二年）この二人は「正確なオリジナルの言葉」を求めたギリシア語新約聖書を出版した（一八八一年）。自筆本と同じもの、ということであるが、先述したとおり、それは不可能な目標で、あくまで「彼らが考えたオリジナル」に過ぎない。また彼らは、西方本文・中立本文・アレクサンドリア本文・シリア本文という写本の四つの系統を提唱した。

ネストレ親子

（エーバーハルト・ネストレ Eberhard Nestle, 独、一八五一―一九一三年／エルヴィン・ネストレ Erwin Nestle, 独、一八八三―一九七二年）エーバーハルト・ネストレのギリシア語新約聖書は一八九八年に初版が出され、第一一版（一九二〇年）からは息子エルヴィンが継承した。第二一版（一九五二年）からはクルト・アーラント（後述）が参加したことから、「ネストレ＝アーラント版」と呼ばれる。第二七版（一九九四年）以降は委員会方式となるが呼称は継承されており、最新版は第二八版（二〇一二年）である。いわば、現代の「公認本文」とされる地位にある。

もともとはティッシェンドルフ・ウェストコット＝ホート・ウェイマス／ヴァイスの校訂本をもとに、多数決で本文を判断していた。第二六版では写本から見直し、全く新しい本文となっている。また第二六版以降の方針として、重要な異文資料を掲載し、「新約聖書が最初に現われた形を定めるのに必要な資料を利用できるようにする」というものがある。* コンパクトサイズゆえにすべての資料を掲載できるわけではな

* 蛭沼『新約本文学史』五二頁。

く、「必要な資料」の選択に恣意性があるとする批判もなくはないが、ない物ねだりであろう。

グレゴリ

（Caspar René Gregory, 米、一八四六―一九一七年）多数ある写本をどのように整理し、名称を付けるかについて、それぞれの研究者がいろいろな案を出していた。グレゴリが提案した写本の番号体系は現在共通のものとして受け入れられている。それは以下のようなものである。

パピルス	𝔓＋連続番号*	（例）𝔓77「パピルス写本七七番」
大文字写本	アルファベット／0＋連続番号*	（例）A02「アレクサンドリア写本」 0134「大文字写本一三四番」
小文字写本	単なる連続番号	（例）122「小文字写本一二二番」
聖句日課	*l*＋連続番号*	（例）*l* 313「聖句日課三一三番」

ストリーター

パピルス番号 𝔓
ローマンアルファベットの大文字「P」が用いられるようになっている。

大文字写本の番号
アルファベットはローマ字とギリシャ文字の大文字。四六番以降にはアルファベットは付かない。

聖句日課の番号
聖句日課はlectionaryという。伝統的には「ℓ」を用いてきたが、最近では大文字「L」が用いられている

（Burnett Hillman Streeter, 英、一八七四—一九三七年）写本をどのように分類するかについて、「地方本文説」（Theory of Local Texts）を提唱した。写本の本文の共通性によって「アレクサンドリア本文（カイサリア本文・アンティオキア本文というサブグループを含む）」「西方本文」「東方本文」という三グループに分類し、地域によって特有の読みがあるという考え方を提案した。さらに、ビザンティン本文はこの三つのグループの本文が混じった本文であることを指摘したが、これはビザンティン本文が自筆本から大幅に異なるという主張であり、その価値を下げるものとなった。ストリーターの提案した分類は、改良を加えられた上で大筋で現在も受け入れられている。

塚本虎二

（つかもと・とらじ、一八八五—一九七三年）無教会主義者で内村鑑三に学んだ。新約聖書本文学にも関心をもち、戦前に聖書の口語訳も行っていたがすぐには出版されなかった。その代わり、学問的に水準の高い日本語による福音書共観表を出版した*。新約聖書の口語訳は、福音書が一九六二年、使徒行伝は一九七七年（いずれも岩波文庫）に、新約聖書全体は二〇一一年（新教出版社）に出版されている。

*『福音書異同一覧』新地書房、一九五一年。

メツガー（メッツガー）

（Bruce Manning Metzger, 米、一九一四—二〇〇七年）新約聖書本文伝承における古代訳の重要性を指摘した。また日本語で読める本格的な本文批評学研究書の著者としても知られている。『新約聖書の本文研究』*（一九七七年）。『図説ギリシア語聖書の写本――ギリシア語古文書学入門』（一九八一年）。

『新約聖書の本文研究』の原著は二〇〇五年に第四版が刊行されている。

クルト・アーラント

（Kurt Aland, 独、一九一五―一九九四年）新約聖書本文学研究の拠点として、ドイツのミュンスター大学内に「新約聖書本文学研究所」（Institut für Neutestamentliche Textforschung, INTF）を設立し、初代所長となる（一九五九―一九八三年）。またギリシア語本文の完全なコンコルダンス（聖書索引）を出版した（一九七五―一九八三年）。これは個人がパソコンで調べられるようになる以前は研究者必携の一冊であった。ネストレ＝アーラント二六版（一九七九年）が出たことにより、「ウェストコット＝ホルトとティッシェンドルフの時代は決定的に過ぎ去った」と蛭沼は評している。

バルバラ・アーラント

（Barbara Aland, 独、一九三七年―）クルト・アーラントの妻。ミュンスター大学新約聖書本文学研究所の所長（一九八三―二〇〇四年）を務めた。同研究所で大型批評版*の出版を開始した（一九九七年）。

本書227頁参照。

エップ

（Eldon Jay Epp, 米、一九三〇年―）重要な大文字写本としてベザ写本（五世紀）があるが、その包括的な研究を行った（一九六六年）。特に、ベザ写本の神学的傾向から、写本は単なるコピーではなく、その背景には思想があるという重要な指摘を行った。

蛭沼寿雄

（ひるぬま・としお、一九一四―二〇〇一年）関西学院大学名誉教授。一九四九―八二年同大学文学部教授。東京帝国大学文学部で神田盾夫のもと言語学を学ぶ。塚本虎二の勧めもあり新約聖書本文学を志した。月刊「新約研究」*を個人で刊行し、世界の本文学者に送付した。また個々のパピルス写本について詳細に説明した『新約本文のパピルス』*（第一巻一九九四年、第二巻一九九八年、大阪キリスト教書店）を著し、欧米の教科書にも掲載されている。また新約聖書本文研究史である『新約本文学史』（山本書店、一九八七年）はさまざまな研究者およびエピソードを含み、世界にも類書がない読み物かつ新約聖書本文学の入門書である。

ウォーレス

（Daniel Baird Wallace, 米、一九五二年―）新約聖書写本研究所（Center for the Study of New Testament Manuscripts, CSNTM）を創設し（二〇〇二年）、新約聖書写本のす

「新約研究」
一九六六―九九年、三三四号まで発行。日本では類例を見ない、新約聖書本文学に関する個人雑誌。

『新約本文のパピルス』
没後に残されていた原稿をもとに、第三巻が二〇一〇年に刊行された（新教出版社）。

べてを高精度デジタル写真で記録するプロジェクトを進めている。ほとんどの写本の写真は同研究所のホームページで見ることができる。*

アーマン

（Bart D. Ehrman, 米、一九五五年―）ノースカロライナ大学で教鞭を執る。古代教会の社会史が新約聖書本文に影響を与えたことを検証した（一九九三年）。それは、新約聖書本文は純粋に聖書としてコピーされただけではなく、時代状況・神学に影響されて本文も書き換えられる、ということを意味している。またメッガーの『新約聖書の本文研究』を改訂している（第四版、二〇〇五年）。

ミンク

（Gerd Mink, 独）ミュンスター大学新約聖書本文学研究所（ＩＮＴＦ）の所属で、新約聖書本文の系統を考えるための新たな手法、Coherence-Based Genealogy Method（ＣＢＧＭ）*を提唱した。写本間の相互影響（「汚染」contamination）を検出し、伝承本文間の相互依存関係（系統）をコンピュータ分析によって探ることを通して、より古い異読を見出そうとする。これはあくまで既存の異読に基づく分析であり、現存する写本以上に遡るものではない。* 大型批評版はこの手法に基づいて作られており、ネストレ＝アーラント版第二八版*でも一部その成果が取り入れられている。

新約聖書写本研究所 CSNTM
http://csntm.org/

ＣＢＧＭ
その適用例については、拙稿「本文批評」（浅野淳博他『新約聖書解釈の手引き』日本キリスト教団出版局、二〇一六年、第一章所収）参照。

ネストレ＝アーラント版（第28版）
Nestle-Aland, *Novum Testamentum Graece*. Stuttgart: Deutsche Bibelgesellschaft, 2012. 序文（ドイツ語・英語）については日本語訳がある。『ネストレ＝アーラント ギリシア語新約聖書（第二八版）・序文』津村春英訳、日本聖書協会、二〇一三年。

＊　＊　＊

以上のような新約聖書本文研究の歴史を踏まえて、現在刊行されている代表的な校訂本には次のようなものがある。

コンパクトなものには二種類あり、まずネストレ＝アーラント版は研究者向けで、異文資料が多数掲載されている。これがあれば十分な写本情報が手に入ると考えてよい。もうひとつは、聖書協会世界連盟（United Bible Societies, UBS）が発行しているUBS版＊である。ネストレ＝アーラント版が詳細な資料を掲載しているのに対し、UBS版は聖書翻訳のために重要な情報に絞り込んでいる。それでも約一四四〇箇所の異読が挙げられており、新約聖書写本の多様性がよくわかる。現在ではネストレ＝アーラント版と同じ編集者が担当しており、本文も同一である。

大型批評版＊（ECM版）は、すべての写本情報と異読を盛り込んだ決定版である。一九九七年から公刊が始まり、二〇二二年までに公同書簡、使徒言行録、マルコ福音書が出版されている。今後の各種校訂本も、これを基本資料とすることになる。大型批評版の本文や資料については、INTFのサイトから見ることができる＊。

二〇世紀後半はネストレ＝アーラント版の独壇場であったが、二一世紀に入ってから独自の視点で編集した校訂本が出版されるようになった。たとえばSBL版＊、ティンダルハウス版＊である。しかし、ネストレ＝アーラント版の優位は揺らいでいない。

UBS版
The Greek New Testament（一九六六年初版、二〇一四年五版）。

大型批評版
Novum Testamentum Graece Editio Critica Major (ECM)
http://egora.uni-muenster.de/intf/

SBL版
SBL Greek New Testament, 2010.

ティンダルハウス版
Tyndale House Greek New Testament, 2017.

新約聖書の本文研究には、エラスムスの頃から数えて約五〇〇年の歴史がある。その間には多くの研究者たちがこの領域に参加し、また教会などの権威とも戦ってきた。私たちが現在手にしている各国語訳の聖書は、そのような学問的営為を踏まえて作られた校訂本に基づいている。現在も新約聖書の本文研究は続けられており、今後もギリシア語本文は修正されていくであろう。私たちには著者自筆の本が残されていないという限界がある以上、「神の言葉」の探求は立ち止まることはないのである。

近年の日本語訳新約聖書

二一世紀に入って、聖書翻訳事業が盛んになっている。日本聖書協会は新共同訳に代わる新しい翻訳として、二〇一八年に「聖書協会共同訳」を刊行した。またプロテスタント福音派が中心となっている新日本聖書刊行会は、新改訳聖書の最新の改訂版として、『聖書　新改訳二〇一七』を刊行した。聖書という聖典を重視するキリスト教ゆえに、日本への宣教の初期から日本語訳が作られてきた。二〇世紀末頃からは、個人訳を含む新たな翻訳がいくつも出版されている。ここでは、現在比較的目にすることの多い日本語訳について、その特徴や訳文を紹介する。*

＊＊＊

まず、翻訳者個人の名前が出ない、いわゆる「委員会訳」を見ていこう。なお以下

＊以下、『福音と世界』（二〇一六年四月号）掲載記事を改訂して収載する。

では翻訳の底本となった版にも言及している。それは二〇世紀を通じた新約聖書本文学の研究の進展に伴って、翻訳の基礎となるギリシア語本文も変化してきたゆえ、日本語の訳文だけを見て「この翻訳は誤りである」と言えない場合があるためである。

文語訳（一八八〇年明治元訳、一九一七年大正改訳）

文語訳は約百年前のものであるが、今では岩波文庫に収録されている（二〇一四—一五年）など、現代も愛読者が多い翻訳である。明治に入ってさまざまな宣教団体がそれぞれに日本語訳聖書を作成していたが、宣教師のヘボン*が共同で聖書翻訳を行うことを提案した。各教派から翻訳委員が選ばれて翻訳を作成し、一八八〇年に新約聖書が出版された（「明治訳」あるいは「元訳」）。その後一九一七年に改訳され、「大正改訳」と呼ばれるようになった。翻訳は「峻厳かつ高雅な文章」と評価され、現在でも愛唱される言葉が多い。底本はネストレ校訂ギリシア語新約聖書（現在は「ネストレ＝アーラント版」と呼ばれる）の第一〇版（一九三〇年）と考えられているが、英語改訂訳（*Revised Version*, 1881）の本文を参照している。*

各教派共通の聖書としてつくられた文語訳聖書は、日本のキリスト教界に非常に大きな影響を与えた。底本そのものが古いために、二一世紀の新約聖書本文学の水準に沿ったものになっていないのは時代の制約であるが、後代にわたって聖書翻訳および一般の人々も含めて影響を及ぼし続けた翻訳であり、今後も日本の文学遺産として残

ヘボン（James Curtis Hepburn 一八一五—一九一一年）米国長老派教会の医療宣教伝道者。明治学院の創設者。ヘボンの和英辞典の表記が「ヘボン式ローマ字」の基礎となった。

『口語 新約聖書について』日本聖書協会、一九五四年、一四—一六頁

るものであろう。

口語訳（一九五四年）

文語訳の改訂作業は一九四一年から始まっており、当初は文語のままで出版する予定であった。しかし戦後になって、新かなづかいや当用漢字制定（漢字制限）、また文語使用の減少など日本語表記の変化、さらに聖書学の発展を受けて、口語訳による翻訳とするよう方針が変更された。翻訳委員は松本卓夫（広島女学院大学）・山谷省吾（信濃町教会牧師）・高橋虔（同志社大学）および馬場嘉市（改訳主事）で、外国からの宣教師は入っていない。日本の聖書学の発展を裏付ける翻訳とも言えるだろう。底本はネストレ＝アーラント版第二一版（一九五二年）であるが、独自の評価による異文の採択も行っている。また本文批評上問題のある節について、〔 〕でくくりつつ本文に組み入れている部分がある。また個人による訳ではなく、教会での使用を目的とした「教会訳」であると強調し、教会関係者からの意見を広く聞いたとされている。*

口語訳は、学術的な底本を用いつつも伝統的な本文を採用している点で当時の限界をも示している。丸谷才一による「とにかく大変な悪訳であり悪文である」という口語訳への批判*は有名だが、口語体そのものがまだ模索中であった時代の翻訳として文化的価値があり、同時に戦後日本のキリスト教の文体をある程度定めていく役割を果たしたと言えるのではないだろうか。

* 翻訳委員の山谷は〔 〕でくくりながらも本文に入れたことを問題視した上で、伝統的な本文を採用したと説明している（『口語 新約聖書について』二九―三二頁）。

* 丸谷才一『日本語のために』新潮社、一九七四年

共同訳（一九七八年）

共同訳は、カトリックとプロテスタントが共同で翻訳を行った初めての日本語訳聖書である。その目的は「現代の平易な日本語に翻訳すること」であり、「教会の典礼や礼拝に用いることを第一の目的としたものではなく、従来の聖書に取って代わるべきものではな」かった。* 固有名詞の原音表記（イエス→イエススなど）、動的等価翻訳（文の意味を伝えることを重視し、逐語訳にこだわらない）の採用という点で野心的な取り組みであったが、既存の用語や翻訳との違いが大きすぎるために、批判が強かった。そのため新約聖書が刊行された後に翻訳方針が変更され（この時点で旧約聖書は未刊行）、新しい翻訳方針のもとで新共同訳が生まれることになった。共同訳の新約聖書はその後、講談社学術文庫に収録されている（一九八一年）。共同訳の底本は聖書協会世界連盟（UBS）のギリシア語新約聖書第三版*（一九七五年）である。また巻末に用語解説が付されており、これは聖書協会共同訳に至るまで引き継がれている。*

共同訳は「悲劇の翻訳」と呼べるだろう。「共同訳聖書の志すところは、……教会の典礼や礼拝に用いることを第一の目的としたものではなく、従来の聖書に取って代わるべきものではありません」と「序言iii」に明記しているにもかかわらず、教会で使えないという批判を受け、当初の翻訳方針から変更を余儀なくされた。日本聖書協会の事業として行ったことが、このような誤解の原因かもしれない。従来の訳を併用

共同訳聖書「序言」

一九六六年から刊行開始。各国語への翻訳のための底本とする目的で発行を始めたもの。本書227頁参照。

なお、講談社学術文庫版には共同訳の刊行時点にはなかった独自の註がつけられている。

するという立場を強調していれば、原文の多様性や本文の意味の可能性を知るために有用であったことだろう。

新共同訳（一九八七年）

共同訳からの方針変更を受けて作成されたのが「新共同訳」である。この翻訳の目的として「できるかぎり、原文を完全に再現するために、忠実であり、正確であること」、「……更に、聖書にふさわしい権威、品位を保持した文体であること」（序文）が掲げられ、口語訳聖書を代替するもの、また礼拝等で用いられることを意識して翻訳されている。カトリックとプロテスタントの両方で使われることを想定しているため、旧約聖書外典（カトリックでは「第二正典」）も収録されている。また、神に対して敬語を用いていることも特徴である。底本としてUBS版新約ギリシア語聖書の修正第三版（一九八三年）が用いられている。共同訳の方針を引き継ぎ、註はつけられていないが、巻末に用語解説が付されている。また本文批評上問題になる箇所は、各文書の末尾に「底本に節が欠けている箇所の異本による訳文」としてまとめて掲載されている。

新共同訳は、文語訳がプロテスタント教派の共通訳として用いられたように、カトリックとプロテスタントが共同して使うことのできる翻訳として、日本語聖書の歴史の上で画期的なものである。しかしそれゆえに教理的な点における妥協が優先し、底本に沿っていないという問題点がある。また口語訳との違いを出そうとして無理のある訳文にしていると思われるところも散見される。ともあれ発行から三〇年かけて、教会にも社会にも定着した翻訳となったのは事実である。また新共同訳への批判として他の翻訳が生み出されてきたのも、新共同訳の意義と言えるのかもしれない。

聖書協会共同訳（二〇一八年）

新共同訳の刊行から約三十年を経て、新しい翻訳が発行された。日本語の変化および聖書学の進展に対応し、新共同訳と同じく「礼拝にふさわしい聖書」を目指して作成されている。刊行に際しての目的や実例などの資料は公開されているので、ぜひ一度ご覧いただきたい*。聖書翻訳の必要性やプロセスがよく理解できるであろう。ギリシア語の底本はネストレ＝アーラント第二八版であるが、必ずしも底本に従っていない部分もある*。「注付き」の版においては底本以外の読みなども紹介しているので、お持ちの方は注意して読んでみてほしい。

しばしば、聖書協会共同訳と新共同訳の違いがわからない、という声を聞く。それについては、翻訳に携わった人々が変更点やその意義を説明している書籍が刊行されているので一読を勧めたい*。「礼拝にふさわしい」という目的ゆえに、聖書学者の原稿がそのまま訳文になるのではなく、日本語の専門家（詩人など）を交えた検討も重ねられた上で、最終的な本文となっている。実は、この翻訳においては「パイロット

『聖書 聖書協会共同訳について』（日本聖書協会、二〇一八年）、『聖書 聖書協会共同訳（特徴と実例）』（日本聖書協会、二〇一八年）があり、いずれも日本聖書協会のサイトからPDFがダウンロード可能。

たとえばユダ五。底本は「イエスは」だが、聖書協会共同訳は（従来からの本文である）「主は」という読みを取っている。

浅野淳博他『ここが変わった！「聖書協会共同訳」新約編』日本キリスト教団出版局、二〇二一年。

版」という試訳版が一般にも配布され、意見を求めるという段階があった。それを見れば、最終的に出版されたものとの違いがよくわかるだろう。*

聖書協会共同訳への評価は、これからも積み重ねられていく。それが次の聖書翻訳の基礎ともなっていくのであり、ぜひ他の翻訳とも比べつつ、批判的な目で読んでみてほしい。それを通して、読者が「礼拝にふさわしい聖書」とはどのようなものか、を考えることになるであろう。まさに聖書は「生ける」神の言葉なのである。

新改訳（一九七〇年初版、二〇〇三年第三版、『新改訳二〇一七』二〇一七年）

口語訳聖書に対して異議を唱える諸教派が文語訳（大正改訳）の精神を受け継ぐことを理念とし、「新改訳」を作成した。口語訳の文体とともに、翻訳の際にしばしば依拠した英語改訂標準訳（*Revised Standard Version*, 1946）に含まれた自由主義神学*など、合理的に考えられた近代的な聖書解釈の見解に対して異議を唱えたのである。その目標は「原語にあくまでも忠実であり、最も読みやすく、しかも聖書としての品位を失わない訳文を得ること」であった。*基本的に直訳を生かしつつ、伝統的な日本語の語彙を生かすことを目指している。第三版では不快語の修正に留まっていたが、二〇一七年には全面改訂版が出版された。翻訳改訂の理念として「ヘブル語及びギリシャ語本文への安易な修正を避け、原典に忠実な翻訳をする」ことが挙げられている。*固有名詞なども一部修正され（マリヤ→マリア など）、全く新しい印象の翻訳に

神学校の図書館等に所蔵があるので、興味を持たれた方はご参照いただきたい。なお聖書協会共同訳への批評については雑誌『福音と世界』二〇一九年七月号に掲載されている。

自由主義神学
啓蒙主義時代以降に興った、教会の教理から自由に、個人の理性によって神学を解釈する立場。

新改訳聖書「あとがき」

新日本聖書刊行会のサイトより。

なっていると言える。

新改訳では節ごとに改行しているのが版面上の特徴であるが、これは「ただ読みやすさのための配慮であって、他意はない」と述べられている。* また標準的な聖書において、関連する聖書箇所について引照箇所がつけられているのも特色と言える。これは「聖書が聖書を解釈する」という福音派の理念を示したものである。*

第三版まで、ギリシア語底本にはネストレ＝アーラント第二四版（一九六〇年）を用いていた。『新改訳二〇一七』では同第二八版（二〇一二年）が採用されているが、第二四版から第二八版までの約五〇年間に新約聖書本文にはかなりの変更が加えられたため、読者の中には戸惑った方もいることであろう。*

フランシスコ会訳（一九六二―一九七八年、合本一九七九年）

カトリック教会は長く公式の日本語訳聖書を持たなかったが、* 学問的翻訳の作成を開始することが一九五五年に決議された。フランシスコ会聖書研究所が作業を担当し、新約聖書は一九六二年から一九七八年にかけて分冊で出版され、新約全文書が揃った時点で合本として発行された（一九七九年）。目標として、「近代における聖書研究の専門的方法ならびにその成果をじゅうぶんに取り入れ、聖書を原語……から、あるいはその原文の失われているものに対しては残存する最も古い訳本から、直接に翻訳する」ことをベースに、「本訳は、批判的研究により原典にまでさかのぼろうと

変更点について解説した冊子が出版されている。新日本聖書刊行会編『聖書翻訳を語る「新改訳2017」何を、どう変えたのか』いのちのことば社、二〇一九年

新改訳聖書「あとがき」

聖書協会共同訳には、日本聖書協会発行の標準サイズの版で初めて引証がつけられた。

マルコ福音書末尾部分（一六・九以下）など、聖書協会共同訳よりも底本に忠実に従っている部分もある。

個人訳としてラゲ訳（一九一〇年）、バルバロ訳（一九六四年）がある。

するものであり、また同時に、教皇大使の指示に従い、『すべての人に理解されるように、飾らず、明解な表現と気品ある文体』を用いたもの」となることが掲げられた。*作業期間が長期にわたったため底本は単一ではないが、最終的にはUBSの修正第三版が用いられている。豊富な傍註がつけられているのは大きな特徴であり、本文の理解を助けるものとなっている。*

カトリック教会の総力を挙げた翻訳であり、註の膨大さには圧倒される。カトリックゆえ、神学的には伝統的な立場を保っているのは当然であるが、プロテスタント信者であっても、聖書理解を深めるためにこの翻訳を入手する価値は大いにあろう。

岩波訳（一九九五―一九九六年、合本二〇〇四年）

岩波書店から発行されている翻訳である。*委員会訳というかたちでありつつ、各文書の訳者名を明記しており、翻訳者は東京大学の西洋古典学講座出身者で構成されている。一九九五年から一九九六年にかけて五分冊で出版され、その後に合本が出た（二〇〇四年）。特徴として、原典への忠実さ、内容理解への補助手段としての本文註および脚註（合本では傍註）また巻末に付された解説、信仰的偏りのない学問的な内容の翻訳という普遍性を挙げている（合本の序文）。底本にはネストレ＝アーラント第二七版（一九九四年）を用いる。通常の聖書の文書配列とは異なり、推定成立年代を踏まえてマルコとマタイの順序やパウロ書簡の配列を変えている。さらに第二

フランシスコ会聖書研究所訳注『原文校訂による口語訳聖書』サンパウロ、二〇一一年、「緒言」

なお、傍注は合本版ではかなり削減されている。

後述の塚本訳も岩波訳と呼ばれることがあるが、ここでは「新約聖書翻訳委員会」による翻訳のことである。

コリント書では、複合書簡説に基づいて内容の並べ替えを行っている。また本文にも敷衍《ふえん》*の挿入を多く行っている。註は分冊版では豊富だが、合本ではかなり削られている。

岩波訳はキリスト教教理に左右されない普遍性を強調しており、神への敬語などが無い点はすっきりしている。敷衍によって語を補うことで、原文を残しつつ文脈を把握できるようにするのは日本における翻訳の伝統のひとつであろう*。学術的な註が多く付けられているのも有用であり、他の翻訳と併用して読むのに大変役立つものである。

＊　＊　＊

次に、現在も比較的手にする機会が多いと思われる個人訳について、学術的なものを取り上げて紹介する。

塚本虎二訳（一九四四年完成、全体出版二〇一一年）

塚本虎二*は無教会の伝道者として知られるが、内村鑑三の勧めを受けて新約聖書の翻訳を作成している*。翻訳では「訳文には多く意を用いず、ただ正確に訳することだけに全力を注いだ。正確と言っても、一言一句を機械的に訳出する在来の聖書改訳のいわゆる正確さをすてた。従ってローマ・カトリック（ヴルガータ聖書）の流れを引

敷衍
言葉を加えて、詳しく説明すること。

敷延は後述の塚本訳にも見られる。

塚本虎二
本書223頁参照。

『福音書』塚本虎二訳、岩波文庫、一九六三年、四一三頁

く教会の伝統に捉われず、最近の権威的学者の多数説によった。五分五分の時は、新説によった。訳者の私見を交えない」とする。* 福音書は想定成立順を踏まえてマルコを先、マタイを後に配列している。また本文には最小限度の敷衍をいれており、巻末には略註がつけられている。底本にはネストレの最新版を使ったとあるが、具体的な版については明示されていない。

* 前掲書、四一七頁

　塚本訳は平易な訳文であり、たいへん読みやすい。敷衍には塚本の解釈を含むが、そういうものであると理解した上で読めば、たいへん有益なものである。新約聖書全体としての出版はずいぶん遅くなったが、もしこれが戦後すぐに出版されていれば、その後の日本の聖書翻訳に大きな影響を与えたことは間違いなかったであろう。

前田護郎訳（一九八三年初版、二〇〇九年再版）

　前田護郎（一九一五―一九八〇年）は東京大学教授（新約聖書学）で、無教会主義の集会も主宰していた。中央公論社の「世界の名著」シリーズで部分訳が出ており（一九六八年）、新約全体の翻訳も準備していたが、前田の逝去後に出版された（一九八三年）。また『前田護郎選集』の別巻として再版されている（教文館、二〇〇九年）。前田によれば、「世界の名著」の聖書の責任編集者となったのは「宗教家でなくて一介の学徒であり、常に若い人々の相手となる教師であり、みずからも若い日から聖書に親しんできたので、儀式的でない平たい面で『読める』聖書が作られるよう、との趣意による」という。* また「原文は簡潔であり、古代の人々はそれをゆっくり音読した。訳文もそのように読まれることが望ましい」とし、「直接簡明な文章」による翻訳を試みようとしている。* ギリシア語底本は「世界の名著」版ではネストレ＝アーラント第二五版、UBS初版（一九六六年）であるが、一九八三年版ではネストレ＝アーラント第二六版（一九七九年）とUBS第三版を用いている。

前田訳は簡潔な文体の読みやすいものであり、前述の意図は十分に遂行されている。傍註は多くが聖書の参照箇所、また神学的な解説であり、前田の比較的保守的な信仰理解に基づいている。部分訳から全体出版、また再版が行われていることから、この訳が一定の支持を保っていることがうかがえよう。

田川建三訳（二〇〇七―二〇一七年）

田川建三（一九三五年―）による個人訳である。全七巻（八分冊）として刊行された後、聖書本文の訳のみを一冊にまとめたものが出版されている。* 既存の日本語訳聖書には問題が多いと批判し、翻訳の方針として「訳文は可能な限り最大限いわゆる直訳にとどめ」、「原文の『意味』をくんで、それを自分の言語に正確に表現する」ことを挙げている。また「日本語としてなるべく通じ易い、すらすらと読める文章にしよう、という方針と、その点は多少犠牲にしても、なるべく原文を右から左に訳そうという方針と」の双方を満たすように努め、「わかる文章であろうとなかろうと、でき

『聖書』（世界の名著13）中央公論新社、一九七八年、七頁

前掲書、二九六頁

「保存版」と「携帯版」（作品社、二〇一八年）

る限り原文そのままに日本語に移し植える努力をした」ものである。[*] ギリシア語底本はネストレ＝アーラント第二七版および第二八版であるが、徹底した本文批評[*]を行った上で独自に本文を再構成している。後註は膨大であり、これほどの分量の註が付けられた日本語訳聖書は今後もまず出ないであろう。註においても本文批評への言及が多くなされ、本文決定の理由が詳細に述べられている。また註の中で聖書学の基本的概念についても随時説明がなされており、聖書を学ぶことへの理解をたいへん深めることができる。

新約聖書本文を理解する上で、これ以上の資料はないと言ってよいであろう。大量の註には他の翻訳への批判とその理由も含まれており、他の訳がなぜいけないかという理解にも役立つ。あえて訳文だけでは意味が不明なままにしておき、読者に考察を求めようとすることで、後代の神学を本文に読み込まないような理解を促す方向性は、他の翻訳における敷衍訳という考え方と鋭く対立するものである。訳者独特の文体は好みが分かれるが、その指摘内容を見過ごすことは許されない。

また個人訳として、特に読者層を意識した翻訳を二点紹介しておこう。

本田哲郎訳（福音書＋使徒二〇〇一年、パウロ書簡二〇〇九年）

フランシスコ会士の本田哲郎（一九四二年―）は、これまでの聖書の翻訳が自ら底

＊「本叢書全体への序文」v―viii頁（『訳と註』第一巻および第三巻冒頭に掲載）

＊田川の用語では「正文批判」。

辺に立つイエスの視点から外れているとし、「釜が崎の労働者といっしょに読める聖書づくり、イエスとともに立つ、小さくされた人々の視座を借りた翻訳をこころみ」た。*「よい翻訳」かどうかは、単語一つ一つの正確な訳出よりも、原著者が語っているその「意味」、言わんとすることを忠実に訳出しているかによって判断されるという。*また聖書翻訳では「神の視点（視座）」をどれくらい共有できるかも重要であるとする。*現在までのところ四福音書と使徒行伝、およびパウロ書簡*が翻訳されている。ギリシア語底本はＵＢＳ修正第三版である。

本田訳は、「小さくされた人々」の視点とカトリック神学との両方に立った翻訳といえる。キリスト教の専門用語をわかりやすく言い換え、その意味がよく伝わるようにされている。*本田自身が述べているように、他の聖書と並べて読むことで聖書のメッセージをより身近に理解することができるだろう。

山浦玄嗣訳（二〇一一年）

医師の山浦玄嗣（一九四〇年―）は、大船渡市で診療に当たりつつ、岩手県気仙地方の言葉であるケセン語による福音書の翻訳（二〇〇二―二〇〇四年）、および日本各地の言葉を用いた福音書の翻訳を行った。*前者は「聖書を〔山浦の生きてきた地域における〕『世間さまのことば』にしたいと思ったということにほかなりません*」との動機によってなされた。後者はさらに対象を広げて「一般の日本人読者にとってかな

『小さくされた人々のための福音　四福音書および使徒言行録』新世社、二〇〇一年、七頁

前掲書、七二四頁

前掲書、七二六頁

『パウロの書簡』新世社、二〇〇九年

『小さくされた人々のための福音』八頁

『ガリラヤのイェシュー』イー・ピックス出版、二〇一一年

『ケセン語訳新約聖書　マルコによる福音書』イー・ピックス出版、二〇〇三年、七頁

り難解であり続けてきた福音書を楽しく、親しみやすく、わかりやすいものとしてお伝えすること」である。* 両者に共通する特徴は、「洗礼」のような「聖書翻訳用特殊用語」や「愛」といった世間一般とは意味が異なる語句を避けること、翻訳文体に階層等の社会背景を再現すること、本文への補註の挿入、文物風俗を日本風に言い換えることなどである。ギリシア語底本はＵＢＳの修正第四版である。

二つの山浦訳は、いずれも日本における「土着の聖書」を目ざしたものといえる。* これは単なる翻訳の領域を超えた新しい文化的価値を持つものとして評価すべきだろう。ただし『ガリラヤのイェシュー』の翻訳は日本各地の言語を混在させたものであり、現実に存在し得ないかたちとなっている点に疑問が残る。

＊　＊　＊

では、いくつかの新約聖書本文を例に挙げ、それぞれの翻訳を比べてみよう（本節では、最新の訳として聖書協会共同訳を冒頭に掲げる）。

●マタイ福音書六章一一節

「私たちに日ごとの糧を今日お与えください」　（聖書協会共同訳）

「主の祈り」の一部であり、多くのプロテスタント教会の礼拝では今でも文語訳で唱

* 『ガリラヤのイェシュー』六四六頁

* 類似のものとしてナニワ太郎・大阪弁訳聖書推進委員会訳『コテコテ大阪弁訳「聖書」』（データハウス、二〇〇〇年初版）があり、筆者は大変共感をもって読むことができた。マタイ福音書のみなのが実に残念である。

えられる。多くの翻訳が文語訳「我らの日用の糧を今日《けふ》もあたへ給へ」と類似した訳になっているが、傍点の部分に違いがある。

「わたしたちに必要な糧を今日与えてください」（新共同訳、岩波訳、本田訳）

「今日の糧を今日お与え下さい」（フランシスコ会訳、山浦訳*）

「来る日の我らのパンを今日も与え給え」（田川訳、ただし未来の意ではない）

これは対応する原語「エピウーシオン」の用例が新約聖書で二回のみと少なく、意味が明確でないことに由来する。*

●マルコ福音書八章七節

「また、小さい魚が少しあったので、祝福して、それも配るようにと言われた」

（聖書協会共同訳）

傍点の部分は、他の翻訳では次のように訳されている。

「そのために感謝をささげてから」（新改訳第三版、本田訳、ケセン語訳*）

「それについて神をほめたたえてから」（新改訳二〇一七）

「それを祝福して」（田川訳、前田訳）

「また、小さい魚が少しあったので、賛美の祈りを唱えて、それも配るようにと

* 『ガリラヤのイェシュー』。以下、山浦訳と表記。

* 詳細は田川建三訳『新約聖書　訳と註　マルコ福音書／マタイ福音書』作品社、二〇〇八年、五八八―六〇〇頁参照。

* 『ケセン語訳新約聖書』。

言われた」（新共同訳、フランシスコ会訳）

同じ行為であるが、訳語から受ける印象はかなり異なる。なお、山浦訳ではイエスの言葉を直接話法に訳しているが、これは山浦の意図的な工夫である。

「小魚も少しばかりあったから、神さまのすばらしさを讃えまつりつつ、『これも分げてやってけろ』と言いなさった」（山浦訳）

●使徒行伝二〇章二八節

「どうか、あなたがた自身と羊の群れ全体とに気を配ってください。聖霊は、神がご自身の血によってご自分のものとなさった神の教会の世話をさせるために、あなたがたをこの群れの監督者に任命されたのです」（聖書協会共同訳）

傍点の部分は、他の訳では次のように訳されている。

「神の己（おのれ）の血をもて……」（文語訳）

「神がご自身の血をもって……」（新改訳第三版、新改訳二〇一七、フランシスコ会訳、田川訳、前田訳）

「神が御子の血によって」（新共同訳、口語訳）

最後に挙げた新共同訳・口語訳では、「御子」（＝キリスト）が明示されている。これはキリスト論とも関わる重要な点である。なお「御子」の部分を括弧に入れて補っている（底本にはないことを示している）。

「神がご自身の〔子の〕血で」（岩波訳、塚本訳）

●ローマ書一章一七節

「神の義が、福音の内に、真実により信仰へと啓示されているからです」

（聖書協会共同訳）

傍点部分は、田川訳では「信から信へと啓示される」のように「啓示される」にかかると解釈されている。その他の訳では「信仰から信仰へ」（前田訳）の部分を独立した句として解釈している。しかしその場合には原文の語句だけでは舌足らずになるため、いくつかの翻訳は語を補っている。

「初めから終わりまで信仰を通して実現されるのです」（新共同訳）

「信仰に始まり信仰に至らせる」（口語訳）

「信仰に始まり信仰に進ませる」（新改訳第三版、新改訳二〇一七）

「信仰から出て信仰に終わる」（塚本訳）

ギリシア語の「ピスティス」は一般的には「信仰」と訳されるが、「真実」という意味もある。この箇所の直訳は「信仰から信仰へ」であるが、聖書協会共同訳は一つ目の「ピスティス」を「真実」と訳している。

またこの表現全体をまとめて言い換えている例もある。

「信仰を通して」（フランシスコ会訳）

「福音に信頼してあゆみを起こせば起こすほど」（本田訳）

●ローマ書三章二五節

「神はこのイエスを、真実による、またその血による贖いの座とされました」

（聖書協会共同訳）

傍点部分は、フランシスコ会が同じ訳を採っている。

「なだめの供え物」（新改訳第三版、文語訳、田川訳、塚本訳、前田訳）

「宥めのささげ物」（新改訳二〇一七）

「宥めのいけにえ」（本田訳）

参考まで、次の三点は二五節全体を紹介しよう。

「神はこのキリストを立てて、その血による、信仰をもって受くべきあがないの供え物とされた」（口語訳）

「神はこのキリストを立て、その血によって信じる者のために罪を償う供え物となさいました」（新共同訳）

「神はその彼を、信仰をとおしての、〔また〕彼の血による贖罪の供え物として立てた」（岩波訳）

●ガラテヤ書三章二節

「あなたがたにこれだけは聞いておきたい。あなたがたが霊を受けたのは、律法を行ったからですか。それとも、信仰に聞き従ったからですか」（聖書協会共同訳）

傍点部分は、多くが「福音を聞いて信じたから」と訳している（新共同訳。文語訳、口語訳、フランシスコ会訳、塚本訳も。岩波訳は「聴き従った」）。「福音を聞いて信じた」という順序ではなく、「信仰に聞き従った」という訳になっているのは次のとおりである。

「信仰をもって聞いたからですか」（新改訳第三版、新改訳二〇一七）

「信について聞いたからか」（田川訳）

「信仰の伝達によってですか」（前田訳）

なお本田訳はこの部分を「信頼してあゆみを起こした」という独自の言い回しを用い

ている。

●ガラテヤ五章一三節

「きょうだいたち、あなたがたは自由へと召されたのです。ただ、この自由を、肉を満足させる機会とせず、愛をもって互いに仕えなさい」（聖書協会共同訳）

傍点部は塚本訳と同じものになっている。

「兄弟たち、あなたがたは、自由を得るために召し出されたのです。ただ、この自由を、肉に罪を犯させる機会とせずに、愛によって互いに仕えなさい」（新共同訳。フランシスコ会訳は「罪を犯す足がかりとして肉に与えず」）

「罪を犯させる」という表現には解釈が含まれている。多くの訳は単に「肉の働く機会」（口語訳、新改訳第三版、新改訳二〇一七、田川訳「肉に利用させる」）とする。意訳としては、次の二点が挙げられる。

「欲望へのきっかけとせず」（前田訳）

「感覚の人としての自分に場を与えるためにばかり使わず」（本田訳）

＊＊＊

ここに挙げたものは僅かな例であるが、それぞれの翻訳が持つ特徴や方向性をうかがうことができよう。印刷される訳文ではひとつの言葉のみ選択せざるを得ないが、複数の翻訳を比べることで原文の意味をより深く理解することも可能となる。「日本語聖書の読み比べ」を通して、翻訳の面白さと難しさを感じていただきたい。

個人的な感覚であるが、日本では「ひとつの翻訳のみ」が正解、という意識が強いように感じられる。私たちは「同じ翻訳の聖書」を持つことにこだわりがちであるが、そもそも聖書翻訳は統一する必要があるのだろうか。日本聖書協会によれば、二〇〇五年のアンケート調査では日本のクリスチャン人口の五〇%が新共同訳を使うか持っているという。*もちろん、学校や教会の礼拝で使うものは、混乱を避けるためにどれかひとつに揃えるのが望ましいだろう。しかし個人が持つものはそれぞれ好きなものを選べばよいし、複数の翻訳を比べることで聖書の読みを深めることもできる。ただひとつの翻訳にこだわることは、聖書の豊かさを見失うことにもなるのではないだろうか。

それゆえ、聖書翻訳は複数存在し、それぞれを読み比べることができるのが望ましい。日本語訳聖書にも新改訳聖書など、いくつもの種類がある。また、「キリスト教」の棚に並んでいない聖書翻訳もある（岩波文庫収載分など）。いま一度書店の棚を見直し、読んだことのない翻訳を手にしてみてはいかがであろうか。

＊日本聖書協会「聖書　聖書協会共同訳について」日本聖書協会、二〇一八年、一頁。

「新約聖書」と「旧約聖書」の学問的状況

「旧約聖書のほうがおおらかで読んでも楽しい」というコメントを本講座の参加者からいただいた。実は学問界にもやや当てはまる。ここでは、現代における新約聖書学と旧約聖書学の様子を概観してみよう。なおこれはあくまで著者の観点であることを予めご了承いただきたい。

旧約聖書学*は、現在では「ユダヤ学」(Jewish studies) との繋がりが欠かせない。むしろ、旧約聖書は本来ユダヤ教のものであるから、テキストの元々の意味を汲み取るにはユダヤ教の立場から研究するべきであろう。つまり、ユダヤ教の視点に立ち、そこから考えるべきなのである。ユダヤ教に関する研究は、ユダヤ教徒、特にラビたちの間では連綿と続けられてきたが、一般にも研究される学問として扱われるようになったのは比較的近代になってからである。現在では世界の主要な大学のほとんどでユダヤ学の講座があり、日本では東京大学、筑波大学、同志社大学などでユダヤ学を学ぶことができる。ただしユダヤ学そのものは非常に広大な領域であるため、それらの知識を身に着けつつ、かつ旧約聖書学も学ぶということは非常に困難である。

キリスト教の視点から旧約聖書を学ぶ「旧約聖書学」にも、多大な蓄積がある。日本においては、明治期以後、キリスト教の宣教とともに聖書の研究が始められた。キリスト教系大学のみでなく、特に国立大学である東京大学に継続的に聖書学を研究する教員が存在し、また京都大学にキリスト教学講座が設けられたのは画期的であった

旧約聖書学
「旧約聖書」という表現はキリスト教視点であるため、「ヘブライ語聖書」と呼ぶことが多くなっているが、学問分野としては「旧約聖書学」が使われることが多い。

と言えるだろう。さらに北海道大学にもキリスト教研究の講座が設置されている。特に無教会派は、それら国立大学の教員を中心とした聖書研究会によって発展していったと言える*。

旧約聖書三九書はそれだけでも相当な分量であり*、また内容も多岐にわたる。神話的内容も多いため、親しみやすさがある。さらには、キリスト教にとってはイエスの存在意義を説明するための「引証テキスト」であるにもかかわらず、旧約聖書の記述がキリスト教徒個々人の信仰の直接的基礎となることはそれほど多くはないのではなかろうか。それゆえ旧約聖書の学術研究は、信仰の有無を問わず比較的取り組みやすいと思われる*。

新約聖書学は、当然ながらキリスト教に独自の学問領域である。新約聖書はキリスト教徒にとっての基本経典であり、そこに真理が含まれていると考えている。新約聖書は、いわば信徒個々人の信仰の根本的基礎となっている。それゆえに、新約聖書を学ぶことは大きな意味を持つと言えよう。

ところで、啓蒙主義時代以降の近代聖書学は、「神話」「宗教」のベールを剝ぎ取り、「歴史的な存在」を探すことを主たる目的とした。実のところ、このような方向性は、「新約聖書には真理がある」という考え方とはぶつかってしまう。歴史的な探求の成果は、必ずしもキリスト教の教理とは合致しないからである。そうすると、「歴史学の成果と聖書記述と、どちらを信じるか」という方向に向かうことになる。有名なも

国立大学の聖書研究者
東京大学では前田護郎（一九一五—一九八〇）、荒井献（一九三〇—）、大貫隆（一九四五—）などが知られる。京都大学では一九二二年に宗教学第二講座として設置され、最初に担当したのは波多野精一（一八七七—一九五〇）であった。代表的な教員に有賀鐵太郎（一八九九—一九七七）、武藤一雄（一九一三—一九九五）、芦名定道（一九五六—）など。北海道大学では哲学宗教学講座の中に設置され、代表的な教員に土屋博（一九三八—）など。無教会派では旧約聖書学の関根正雄（東京教育大学、一九一二—二〇〇〇）が有名。

聖書の分量
たとえば新共同訳聖書では旧約一五〇〇頁に対し新約五〇〇頁。

実際、近年は大学神学部でも新約聖書よりも旧約聖書の研究を希望する学生が多いように思われる。

のは創造説*であるが、それはある意味で「神話」の領域にあるため、近代科学の成果（地球は四六億年前に生まれた）とは別のものとして受け入れることもできる。ところが「イエス」についての物語に創作要素があるかどうかなどは、教派や個人によって受けとめ方が異なってくるものもある。実際には、新約聖書の記述にはさまざまな歴史的レベルがあり、イエスに遡るであろう内容もあるが、福音書記者が加筆したとされるもの、またその後の時代に神話的な物語として変容されたとしか考えられないものも含まれている。これは新約聖書の「研究」においてしばしば大きな壁となる。研究者も多くはキリスト教徒であるため、立場により状況は異なるが、自分の信仰を脅かすような方向性には行きづらいのである。

　また、新約聖書は二七文書と旧約文書よりも数が少なく、各文書も旧約文書ほどは長くない。つまり研究範囲は比較的狭いと言える。それゆえ細かな研究が重ねられ、より深められていく。新約聖書の学問的研究を志す場合には、まずその膨大な過去の研究蓄積を消化することが必要となるのである。また研究の深まりは、いわゆる「重箱の隅をつつく」ようなことにもなりやすい（もちろん独創的な研究も多いのだが）。かなり狭い問題について侃々諤々《かんかんがくがく》の議論をする、というのが新約聖書系学会の常であり、これもまた旧約聖書分野とは異なる様子であろう。

　さらに新約聖書の原典や古代の史料を読むための、ギリシア語をはじめとするコプト語、ラテン語、ヘブライ語など古典語の知識、また過去の研究蓄積を学ぶための

創造説
天地創造は聖書にあるとおりに行われ、それは今から約六〇〇〇年前のことであったとする立場。

近代語（英語、ドイツ語、フランス語、イタリア語、スペイン語など）の知識が必要となる。自分の研究したい内容を学ぶよりも研究のための準備期間が長くなることから敬遠されがちである。実際、日本での新約聖書研究者は減少傾向にあり、学会等でもそれに危機感を抱いて対策を検討している。とはいえ、上記のようにハードルは高く、研究志望者は少ないのが現状である。

なおウイリアムス神学館（京都）や聖公会神学院（東京）のような「神学校」は、基本的に聖職者養成組織であり、研究者養成を目指していない。三年間ほどの学びは、教会現場に出るための訓練と言ってよい。そのため、研究を望む人はそれを個人の努力（学びの場を探す、学ぶ資料を探すなど）で補うしかない。日本において、聖公会関係でキリスト教研究ができる大学は立教大学である。立教大学文学部キリスト教学科には常に聖書研究を志す学生がいて頼もしいかぎりであるが、しかしなぜかそれらの学生は、不思議なことに聖公会信徒どころか、キリスト教信徒ではないことが多い。これも聖書の研究は信仰の有無を問わず魅力的なものであることの証と言えるであろう。

参考文献

（主な邦語文献のみ）

第1章

アルベルト・シュヴァイツァー『イエス伝研究史』（「シュヴァイツァー著作集」第一七―一九巻）遠藤彰・森田雄三郎訳、白水社、一九六〇年
大貫隆『隙間だらけの聖書』教文館、一九九三年
戸田聡「『エウセビオスのカノン』に見る福音書理解」『古代キリスト教研究論集』北海道大学出版会、二〇二一年
山野貴彦「新約聖書学動向の一断面二〇二〇」『神学の声』四九巻八〇号、聖公会神学院、二〇二〇年、三―二三頁

＊史的イエスの「探究」については、ブルトマン以後の「新しい探究」はケーゼマンらによるものが「第二の探求」と呼ばれ、その後、M・ボーグなどによる「第三の探求」が続いた。現在は「第四の探求」と呼ぶ動きも見られる。

第2章

タキトゥス『年代記』國原吉之助訳、岩波文庫、一九八一年
スエトニウス『ローマ皇帝伝』國原吉之助訳、岩波文庫、一九八六年

橋本滋男「マタイによる福音書」『新共同訳新約聖書注解』日本基督教団出版局、一九九一年
田川建三『書物としての新約聖書』勁草書房、一九九七年
大貫隆・佐藤研編『イエス研究史』日本基督教団出版局、一九九八年
＊古代から現代にまで至るイエス研究の歴史についてまとめている。
ヨセフス『ユダヤ古代誌』秦剛平訳、ちくま学芸文庫、二〇〇〇年
A・-J・レヴァイン他編『イエス研究史料集成』土岐健治他訳、教文館、二〇〇九年
ペーター・シェーファー『タルムードの中のイエス』上村静・三浦望訳、岩波書店、二〇一〇年
佐藤研『イエスの父はいつ死んだか』聖公会出版、二〇一〇年
嶺重淑『ルカ福音書一章―九章五〇節』（NTJ新約聖書注解）日本キリスト教団出版局、二〇一八年
黒田裕『今さら聞けない!?キリスト教——聖書・聖書朗読・説教編』（ウイリアムス神学館叢書II）教文館、二〇一八年

第3章

佐竹明『使徒パウロ　伝道にかけた生涯』旧版・NHKブックス、一九八一年／新版・新教出版社、二〇〇八年
E・P・サンダース『パウロ』土岐健治・太田修司訳、教文館、二〇〇二年
田川建三『イエスという男』（増補改訂版）作品社、二〇〇四年
田川建三『新約聖書　訳と註』全七巻（全八冊）作品社、二〇〇七―二〇一七年
G・タイセン『イエスとパウロ』日本新約学会編訳、教文館、二〇一二年

荒井献『使徒行伝　中巻』（現代新約注解全書）新教出版社、二〇一四年
青野太潮『パウロ　十字架の使徒』岩波新書、二〇一六年
田川建三『新約聖書訳　本文の訳』作品社、二〇一八年
山口希生『異邦人もギリシア人もなく』新教出版社、二〇二三年
第4章

日本聖書学研究所編『聖書外典偽典』教文館、一九七五―一九八二年
三好迪「ルカによる福音書」『新共同訳新約聖書注解』日本基督教団出版局、一九九一年
荒井献編『新約聖書外典』講談社文芸文庫、一九九七年
田川建三『書物としての新約聖書』勁草書房、一九九七年
佐竹明『ヨハネの黙示録』（現代新約注解全書）全三巻、新教出版社、二〇〇七―二〇〇九年
菊地伸二『今さら聞けない⁉キリスト教――キリスト教史編』（ウイリアムス神学館叢書Ⅲ）教文館、二〇一九年
岩城聰『今さら聞けない⁉キリスト教――聖公会の歴史と教理編』（ウイリアムス神学館叢書Ⅴ）教文館、二〇二二年

第5章

F・G・ケニオン『古代の書物』高津春繁訳、岩波新書、一九五三年
箕輪成夫『パピルスが伝えた文明――ギリシア・ローマの本屋たち』出版ニュース社、二〇〇二年
ホルスト・ブランク『ギリシア・ローマ時代の書物』戸叶勝也訳、朝文社、二〇〇七年

歴史学研究会編『古代のオリエントと地中海世界』（世界史史料1）岩波書店、二〇一二年

第6章

荒井献編『使徒教父文書』講談社、一九七四年（講談社文芸文庫、一九九八年）

第7章

菊地榮三・菊地伸二『キリスト教史』教文館、二〇〇五年

第8章

大貫隆『世の光イエス』日本キリスト教団出版局、一九九九年
W・マルクスセン『福音書記者マルコ』辻学訳、日本キリスト教団出版局、二〇一〇年
土岐健治・村岡崇光『イエスは何語を話したか？』教文館、二〇一六年
髙橋洋成「イエスの時代の言語生活」上智大学キリスト教文化研究所編『ユダヤ教とキリスト教』リトン、二〇一九年、一一―七八頁

第9章

浅野淳博他『ここが変わった！「聖書協会共同訳」新約編』日本キリスト教団出版局、二〇二一年
『聖書　聖書協会共同訳について』日本聖書協会、二〇一八年（日本聖書協会サイト上でＰＤＦ公開。URL：https://www.bible.or.jp/wp-content/uploads/2021/03/si_bible.pdf）（アクセス日 2023/05/10）

共同訳聖書実行委員会『新約聖書　共同訳全注』講談社学術文庫、一九八一年
荒井献・大貫隆編『ナグ・ハマディ文書』全四巻、岩波書店、一九九七―一九九八年／抄録版・荒井献他編訳『新約聖書外典　ナグ・ハマディ文書抄』岩波文庫、二〇二二年
荒井献編『グノーシスの変容――ナグ・ハマディ文書・チャコス文書』岩波書店、二〇一〇年
J・ファン・デル・フリート『解読ユダの福音書』戸田聡訳、教文館、二〇〇七年
戸田聡「翻訳トマスによる福音書」『古代キリスト教研究論集』北海道大学出版会、二〇二一年

第10章

B・M・メツガー『新約聖書の本文研究』橋本滋男訳、日本キリスト教団出版局、一九七七年／改訂版・一九九九年（本改訂版は原著第三版に基づく）
B・M・メツガー『図説ギリシア語聖書の写本――ギリシア語古文書学入門』土岐健治訳、教文館、一九八五年
蛭沼寿雄『新約本文学史』山本書店、一九八七年（『蛭沼寿雄著作選集』第三巻、新教出版社、二〇一一年）
浅野淳博他『新約聖書解釈の手引き』日本キリスト教団出版局、二〇一六年

あとがき

出席者の「今さら聞けない」質問を集めて解説していく、という趣旨の講座であったが、結果的に新約聖書全般にわたる話題を扱うことができた。私自身も「今さら考えたことがない」ようなテーマを改めて考え直す良い機会を与えられたことに感謝している。この講座にご推薦いただいた、日本聖公会京都教区ウイリアムス神学館館長の黒田裕司祭に改めて感謝を申し上げたい（余談であるが、黒田司祭とは生年もほぼ同じ、また名前も「裕」かつ「ゆたか」と同じである）。

原稿については、教文館の倉澤智子さんに整理していただき、読者にわかりよい構成や内容の助言を数多くいただいた。また聖公会神学院の山野貴彦さん、大学院時代以来の畏友である柳谷健一さんからも原稿に対する助言を受けた。深く感謝する次第である。もちろん、本書に残る誤りや読みにくさの責任はすべて著者に帰するものである。

二〇二三年五月

前川　裕

神様との豊かな関係のため

――「ウイリアムス神学館叢書」発刊によせて

ウイリアムス神学館理事長　主教 ステパノ 高地　敬

教会での活動は、そのほとんどが、いや、そのすべてが神様との関係の中で成立しています。ただ、主日礼拝を中心とした信仰生活は長年の間に身に沁みついていて、その内容について意識的に考えることは少ないのではないでしょうか。神様との関係を大切に生かすためにも、教会でのすべてのこと、聖書、礼拝、信仰の内容、教会の歴史、その他の活動などを振り返ることはとても意義深いことです。それを通して、教会の活動の範囲だけでなく、私たちの生活もこの世界のすべても神様のみ手の中にあって、私たち自身が常に神様との関係の中に生き、生かされる存在であることを改めて心に留めることができるでしょう。

特に礼拝のことで言えば、そのそれぞれの要素の歴史や意味を学んで改めて普段の礼拝が生きてくることになります。ただ、礼拝の構成要素や一つ一つの言葉の意味は二千年の教会の歴史の中で発展してきていて、それが「伝統」となり、現代人の目からは矛盾や不合理として捉えられるものもあります。その矛盾や不合理をどのように受け止めるのか、悩みながらも考えをめぐらせて学ぶことができればと思います。

これら教会関係の学びのため、この度、ウイリアムス神学館叢書を発刊することとなりました。これは京都地方部でお働きになった永田保治郎師とその宣教の姿勢を記念する皆様から当神学館に多額の御献金をいただいたことがきっかけとなっております。神学館といたしましてその御趣旨を大切にし、「永田保治郎師記念基金」として研究や教育のために用いさせていただきます。神様のお働きの一端を至らないながらも担わせていただいている者として、関係の皆様に心より感謝いたしまして、教会の皆様と共に学ぶ機会が一層与えられたものと受け止めております。私たちの神学館は神学生が数人ととても小さなものですが、小回りの利く利点を生かして着実に叢書を発刊してまいります。どうぞご一読いただきまして、ご感想や不明な点などお聞かせいただければ幸甚に存じます。

神様と教会との関係をより一層豊かにするため、この叢書が少しでも多く役立てばと心から願っております。

《著者紹介》

前川　裕（まえかわ・ゆたか）

1993年京都大学文学部史学科卒、1996年同志社大学大学院神学研究科博士前期課程修了、2001年同大学大学院神学研究科博士後期課程中途退学。1998-1999年フィンランド国立ヘルシンキ大学神学部に留学。日本キリスト教団宇治教会担任教師を経て、現在関西学院大学理学部准教授・宗教主事。2010年より日本聖公会京都教区ウイリアムス神学館非常勤講師。

著書　『新約聖書解釈の手引き』（共著、日本キリスト教団出版局、2016年）、『新約聖書の奇跡物語』（共著、リトン、2022年）。

訳書　E. ギューティング『新約聖書の「本文」とは何か』（新教出版社、2012年）、R. カイザー『ヨハネ福音書入門――その象徴と孤高の思想』（教文館、2018年）。

今さら聞けない⁉　キリスト教――古典としての新約聖書編

（ウイリアムス神学館叢書Ⅵ）

2023年6月30日　初版発行

著　者　前川　裕

発行者　渡部　満

発行所　株式会社　教文館

〒104-0061 東京都中央区銀座4-5-1

電話 03(3561)5549　FAX 03(5250)5107

URL　http://www.kyobunkwan.co.jp/publishing/

デザイン　田宮俊和

印刷所　株式会社 真興社

配給元　日キ販　〒162-0814 東京都新宿区新小川町9-1

電話 03(3260)5670　FAX 03(3260)5637

ISBN　978-4-7642-9202-4　　Printed in Japan

ウイリアムス神学館叢書Ⅰ

今さら聞けない⁉ キリスト教

礼拝・祈祷書編

吉田 雅人　　A5判　352頁　2,000円

現在の聖公会の礼拝と祈禱書について知るならこの一書！　豊富な写真・図版・資料を用いながら、Q＆A方式で素朴な疑問に答えます。長らく品切れとなっていた聖公会出版版の復刊です。

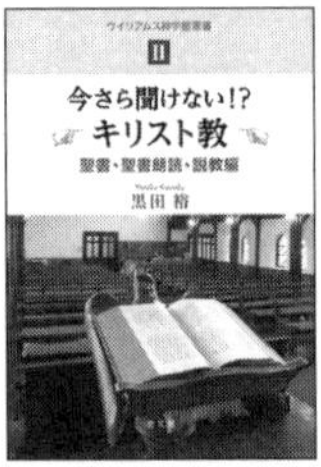

ウイリアムス神学館叢書Ⅱ

今さら聞けない⁉ キリスト教

聖書・聖書朗読・説教編

黒田　裕　　A5判　210頁　1,500円

聖書を書いたのは誰？ 聖書朗読で気をつけることは？　そもそも説教とは何？ 聖公会の聖餐式における「み言葉」の部について、聖書と説教に関するポイントをわかりやすく紹介します。

ウイリアムス神学館叢書Ⅲ

今さら聞けない⁉ キリスト教

キリスト教史編

菊地伸二　　A5判　196頁　1,300円

イエス・キリストの教えはどのように伝えられ、現代の私たちに問いを投げかけているでしょうか？　年表と地図でキリスト教の歩みを把握しつつ、Q &A 形式でトピックスを紹介します。

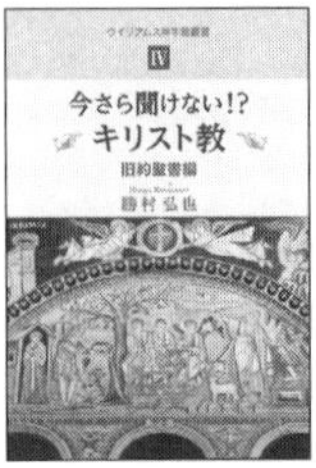

ウイリアムス神学館叢書Ⅳ

今さら聞けない⁉ キリスト教

旧約聖書編

勝村弘也　　A5判　230頁　1,700円

祝福、旅人のもてなし、賛美と嘆き、恋愛、人生の無常など、現代にも通ずるテーマを切り口に、古代イスラエルの民の日常を原典から読み解き、旧約聖書の広大な世界を手引きします。

ウイリアムス神学館叢書Ⅴ

今さら聞けない⁉ キリスト教

聖公会の歴史と教理編

岩城　聡　　A5判　240頁　1,800円

聖公会（アングリカン・コミュニオン）の特徴的な思想はいかに形成され、どのように実践されてきたか。古代からの歴史、神学、現代の活動まで、聖公会を丸ごと紹介します。

上記は本体価格（税別）です。